Elisabeth Müller-Luckmann
DIE GROSSE KRÄNKUNG

Elisabeth Müller-Luckmann

DIE GROSSE KRÄNKUNG

Wenn Liebe ins Leere fällt

ERNST KABEL VERLAG

Wir danken dem Verlag Klaus Wagenbach, Berlin,
für die Abdruckgenehmigung des Gedichtes von Erich Fried
und dem Rowohlt Verlag, Reinbek,
für die Abdruckgenehmigung des Gedichtes von Kurt Tucholsky

Erweiterte Neuauflage, 1988
Mit Sonderteil
»Der verlassene Mann«

Umschlag: Theodor Bayer-Eynck
Satz: Utesch Satztechnik GmbH, Hamburg
Druck und Bindung: Clausen & Bosse, Leck
ISBN 3-8225-0003-8

Für F. v. T., den Freund,
der mir so geduldig und hilfreich
sein Ohr geliehen hat.

Inhalt

Man möchte sagen, die Absicht,
daß der Mensch glücklich sei,
ist im Plan der »Schöpfung« nicht enthalten.

Sigmund Freud

Warum hören sich traurige Geschichten
immer glaubwürdiger an als Geschichten
vom Glück? Weil sie es sind, Dummkopf.

Marilyn French in »Das blutende Herz«

Bei einer Grillparty saß ich mit dem Verleger dieses Buches zusammen. Er fragte mich ein bißchen aus – etwa so: »Was ist denn das Zentralthema, das man an Sie als psychologische Publizistin immer wieder heranträgt – gibt es überhaupt eines?« »Ja«, sagte ich, ohne nachzudenken, denn welches Thema dies ist, da gibt es überhaupt keinen Zweifel. »Die große Kränkung.« Er verstand sofort: »Diese Gefühle, die sich da entwickeln, wenn man liebt, wenn man merkt, der andere ist längst auf dem Wege davon, wenn man feststellt: meine Gefühle dauern an, unvermindert stark, aber sie zielen ins Leere?« »Ja«, sagte ich, »genau dieses: Verlassenwerden, abstürzen, der berühmte, immer wieder als solcher bezeichnete Weltuntergang.« »Da haben wir ja schon einen Buchtitel«, sagte er gelassen, »mögen Sie darüber schreiben?« Ich mochte. Hier ist das Ergebnis.

Ich hätte das Buch nicht schreiben können ohne die vielen vertrauensvollen Berichte und Zeugnisse des Selbstverständnisses von Frauen aller Schichten und Altersklassen. Ihnen habe ich zu danken, wie auch dem Freund, der mir manchmal den Blickwinkel aus seiner männlichen Perspektive zurechtrückte.

Aber dies ist keine objektive Dokumentation. Alles ist in »meiner Sprache« geschrieben. Das ließ sich nicht vermeiden. Ich habe diese Mitteilungen vieler Frauen nicht systematisch gesammelt, und so muß ich mich darauf verlassen, was meine

Erinnerung im Lauf vieler Jahre gespeichert hat. Ich bin aber sicher, daß sinngemäß alles stimmt. Kein Fall ist konstruiert. Auch eigene Erfahrungen sind in dies Buch eingegangen. Sollte jemand glauben, sich wiederzuerkennen, so sei ihm (besser wohl ihr) gesagt: Unsere Schicksale sind nicht so originell, wie wir annehmen. Vieles, was man glaubt, ganz individuell erlebt zu haben, ist in Wirklichkeit Kollektivschicksal. Auch daraus kann man natürlich, wenn man will, eine »Kränkung« machen: nicht so unaustauschbar zu sein, wie man das vielleicht gerne möchte. Ich meine jedoch: In dieser Erkenntnis »Ich bin nicht allein mit meinem Kummer« liegt schon ein Stück Trost, vielleicht sogar das wichtigste Beschwichtigungsmittel für unseren Schmerz. Trost brauchen wir alle – wirklich alle.

Frauen berichten über ihre »große Kränkung«

I. D. sagt: »Ich denke an die erste große Kränkung meines Lebens. Ich war 15 und hatte ›ihm‹, dem gleichaltrigen Klassenkameraden, einen Brief geschrieben, ganz offen, über meine Gefühle für ihn, weil ich dachte, das *muß* ihn berühren. Ich wollte ihn direkt ins Herz treffen. Durch einen Zufall bekam ich mit, wie er diesen Brief anderen Jungen vorlas und wie sie alle zusammen brüllten vor Lachen. Ich habe erst sehr viel später wieder gelernt, mich einem Mann gefühlsmäßig anzuvertrauen.«

E. M.: »Ich war 22 und ›er‹ 35. Wir unterhielten uns stundenlang auf einsamen Spaziergängen; ich bewunderte ihn restlos. Eines Abends fragte er mich im Park unter einer Laterne – ich weiß noch genau die wörtliche Formulierung –: ›Könntest du dich entschließen, meine Frau zu werden?‹ Ich war überglücklich. Seine Zärtlichkeiten bereiteten mich ganz behutsam auf das vor, was ich noch nie erlebt hatte – nun fürchtete ich mich nicht mehr davor. Ich befand mich wirklich im siebenten Himmel. Bis mich einige Kollegen darauf aufmerksam machten, daß man ihn des öfteren mit einer schönen, schicken Person aus unserem Kreise sehe. Ihr hafte der Ruf an, erhebliche Liebeserfahrung zu besitzen – und großes Geschick, etwas, wo ich absolut nicht mithalten konnte in meiner grünen Unerfahrenheit. Dann kam sein Brief: ›Du hast ja schon gemerkt, daß sich etwas geändert hat. Ich habe mich mit Anna-Luise W. verbunden. Sie ist es jetzt, die mein ganzes Leben ausfüllt.‹

Absturz, aus, vorbei. Damals wohnte ich noch bei meinen Eltern. Ich habe eine Halsentzündung simuliert und mich drei Tage bei zugezogenen Vorhängen ins Bett gelegt. Der ganze Körper tat mir weh. Ab und zu habe ich vor mich hingesagt: Ich habe Schmerzen, ich habe Schmerzen. Langsam wurde ich wieder ich selbst. Später, nach vielen Jahren, hätte ich gern einmal ein Gespräch mit ihm darüber geführt, wie schlimm diese Erfahrung für mich war und wie vorsichtig man sein sollte mit solchen übereilten ›Schicksalsfragen‹. Aber ich weiß nicht, wo er geblieben ist.«

S. T.: »Wir hatten 12 Jahre zusammengelebt – ein schönes, dichtes, nie langweiliges Leben. Es war sehr viel Übereinstimmung darin, sehr viel Wohlwollen füreinander. Daß er sich nicht scheiden lassen würde, war klar. Das heißt, vielleicht hatte ich im Unterbewußtsein doch immer die Hoffnung, er würde es eines Tages tun. Obwohl die Begründung eigentlich deutlich war: ›Dazu habe ich sie noch zu lieb.‹ Nun, ich habe das respektiert. Zwar hatte ich den Eindruck, dies egozentrische und kühle Geschöpf, das er da ›immer noch‹ auch liebte, wußte mit diesen seinen Gefühlen gar nichts anzufangen, aber sei's drum. Ich fand mich mit meiner Rolle ab.

Eines Tages – ich hatte nicht mehr an ihm bemerkt als eine leichte Gereiztheit, die ich als Überarbeitung empfand – war er beim gemeinsamen Essen deutlich geistesabwesend. Ich fragte: ›Was ist denn – du bist so merkwürdig –‹ Eine Ehefrau betrügt man, eine Geliebte nicht, dachte ich bis dahin. Er antwortete und sah mich dabei nicht an: ›Du merkst es ja irgendwann doch – es ist ein solcher Gefühlssturm, ich kann nicht anders.‹ Bisher hatte ich die klassische Formel für solche Fälle: ›für mich brach eine Welt zusammen‹, stets ironisch belächelt. Jetzt merkte ich, daß es kaum eine treffendere Bezeichnung für eine solche Situation gibt. Er ging. Ich wusch ganz mechanisch die Gläser ab und merkte erst, daß ich eines zerdrückt hatte, als mir das Blut über die Hand lief. Idiotischerweise setzte ich mich dann ins Auto und fuhr ziellos herum, bis ich anhalten mußte, weil der Brechreiz unwiderstehlich wurde. Das alles ist jetzt Jahre her, aber ich habe das ›Wie‹ dieses Verlassenwerdens nie überwunden.«

A. C.: »Ein bißchen war mir schon aufgefallen, daß unsere Beziehung sich verändert hatte. Es war da etwas allzu Geschwisterliches hineingekommen. Ich fragte ihn eines Tages: ›Muß ich eigentlich Angst um dich haben?‹ Die Antwort: ›Noch nicht.‹ Ich fragte nicht weiter, war aber natürlich ungeheuer unruhig. Als nicht mehr zu übersehen war, daß er mit einer anderen Frau schlief – er konnte sein Glück einfach nicht verbergen –, sagte er mir am Telefon: ›Ja, es ist geschehen. Als wenn zwei Kometen ineinanderstürzen und ineinander verglühen ...‹ Es hätte mich fast getötet, ich habe nie wieder in meinem Leben einen solchen Schmerz empfunden ... Später, als wir noch einmal zusammen sprachen und ich die Tränen nicht zurückhalten konnte, weil seine Stimme so glücklich klang, sagte er: ›Ja, wenn man von einem Menschen so erfüllt ist ...‹, und als er meine Tränen in der Stimme hörte: ›Sei doch nicht so weinerlich ...‹«

F. L.: »Wir saßen uns am Tisch gegenüber. Ich machte eine Bemerkung über seine Schweigsamkeit. Schließlich war er seit Jahren mein Freund. Er sah mich kalt an und sagte: ›Zur Zeit habe ich mit dir wenig im Sinn‹, und dann zählte er auf, auf wie viele Beziehungen zu anderen Frauen er sich gleichzeitig eingelassen habe. Ich hatte gute Lust, ihm ins Gesicht zu schlagen, statt dessen habe ich reagiert wie ein verschrecktes Kaninchen. Ich habe mich auch nicht von ihm getrennt. Einige hat er inzwischen mutmaßlich wieder ›ausrangiert‹, und ich Idiotin war glücklich, daß ich nicht darunter war. Ich möchte so etwas nie wieder erleben. Dies haben wir überstanden. Das Wort ›Stolz‹ habe ich, wie Sie sehen, aus meinem Wörterbuch gestrichen ... Vielleicht mag er mich auch, ab und zu verhält er sich sogar so, aber er würde es, glaube ich, nie zugeben.«

T. W.: »Also: die ›große Kränkung‹ kenne ich nicht. Ich werde von meinem Mann geliebt, andere Partner habe ich nie gehabt, und wenn ich mich so umgucke, muß ich sagen: wir scheinen eine Art Ausnahme zu sein.«

B. A.: »Ich war 30, verheiratet, unglücklich. Mir kam ›er‹,

geschieden, Ende 40, wie der Retter aus allen Nöten vor. Eines Abends saßen wir in seinem Haus beim Wein, die Szene wurde zärtlich. Plötzlich schlug der Hund an. ›Er‹ wurde ganz weiß im Gesicht. Die Terrassentür stand offen. Herein kam die ›eigentliche‹ (feste) Freundin, wie mir sehr schnell klar wurde. Ein paar Jahre älter als ich und für meinen Geschmack nicht sehr attraktiv. Sie bewahrte eine bemerkenswerte Haltung, holte Wein, plauderte, er sah sie bewundernd an. Ich trank in meiner Verwirrung zu viel und zu schnell, und vor dem Schlafengehen übergab ich mich im Bad, sie haben es bestimmt gehört. Als ich herauskam, bezog sie gerade das Gästebett für mich. Ich war in der Tat so erschöpft, daß man mich nicht wegschicken konnte. Am anderen Morgen sah ich sie nicht mehr, aber sie hatte zweifellos die Nacht mit ihm verbracht. Er sah aus wie der Kater, der gerade den Kanarienvogel gefressen hat. Als er mich zur Bahn brachte, sagte er träumerisch: ›Ach, sie geht ja so auf mich ein.‹ Da hatte ich die Bestätigung, daß sie die Fähigkeit besaß, seiner schwindenden Potenz aufzuhelfen. Ich war überhaupt nicht auf ihn eingegangen, als ich mir dieses seines Problems bewußt wurde.«

M. P.: »Ich habe nicht geheiratet. Nie. Warum nicht? Ich fand nie einen Mann so umfassend gut, daß ich ihm mein ganzes Leben überantwortet hätte. Ich habe mich überhaupt nie auf Männer eingelassen. Später bin ich dann mit einer Freundin zusammengezogen. Aber nicht, wie Sie vielleicht denken. Sie ist genau so wie ich, irgendwie nicht beeindruckbar. Sex hat es für uns beide also nie gegeben. Das war und ist auch nie ein Thema für uns gewesen. Jetzt werden wir beide zusammen alt. Wir waren beide Sekretärinnen mit ganz normalen gewöhnlichen Chefs, die uns eigentlich immer leid getan haben: mit ihren anspruchsvollen Ehefrauen und ihren noch anspruchsvolleren Freundinnen. Jetzt sind wir auf Rente. Wir reisen viel, wir sind gesund, wir lachen und haben uns immer etwas zu erzählen und genießen das Leben auf eine Weise, die viele sicher nicht verstehen. Glauben Sie ja nicht, daß ich diesen sogenannten ›Verzicht‹ bereue. Die ›große Kränkung‹ habe ich also nie erlebt.«

B. J. sagt: »Ich sehe ein kleines Mädchen, ich selbst, 8 oder 9 Jahre alt, blond, blaue Augen, bestimmt nicht häßlich, aber auch nicht schön. Wohlwollende sagen sogar: ›hübsch‹. Die Szene: eine Hochzeit bei Nachbarn, deren Termin die Mutter vergessen hatte. In letzter Minute erfuhr sie: vom Treppenhaus bis zur Hochzeitskutsche sollten Blumen gestreut werden. Ein kalter Frühlingstag. Mutter warf mir in Windeseile ein schwarzes Samtkleid mit bunten Bordüren zu, ein Körbchen und ein paar aus einer Vase gezerrte Blumen fanden sich auch.

Das Brautpaar kam die Treppe herunter. Ich klemmte mich aufgeregt sogleich vor die Braut, ohne mich viel umzuschauen. Mein, sollen wir sagen: ästhetisches Gefühl (denn das war es, was meine Mutter mir einimpfte), sagte mir allerdings, daß die Brille der Braut so gar nicht zu ihrem Kopfschmuck paßte. Ich streute also Blumen, und mein Eifer verwandelte sich in Entzücken, als sich aus einem Parterrefenster eine Nachbarinnenstimme vernehmen ließ: ›Guck mal, die Kleine mit dem Blumenkörbchen, ist sie nicht süß!‹

Ich schaute hinauf. Aber der Blick der Frau am Fenster ging leer an mir vorbei. Endlich drehte ich mich um und entdeckte das in Wirklichkeit gemeinte ›Objekt‹. Ein Mädchen so groß wie ich, wie aus einem Bilderbuch anzusehen: zart, Porzellangesicht, dunkle lange Haare, große schwarze Augen. Ein Traumkind im rosa Batistkleid. Mir sank das Herz, da stand ich plötzlich – zum Aschenputtel degradiert, in unkindlichem schwarzem Samt, blond, nichtssagend.

Szene Nr. 2: Jetzt war ich fast 17. An meiner Seite die schwedische Austauschschülerin. Die Leute drehten sich auf der Straße nach ihr um. Eine derart aparte Schönheit war objektiv selten. Mindestens fünf junge Männer stürzten sich beim Tanz auf sie, drei kehrten enttäuscht um, und der vierte forderte dann mich auf und fragte mich nach dem Zauberkind in meiner Begleitung aus: wer ist sie, woher kommt sie, wie lange bleibt sie? (Die Freundschaft, die sich zwischen uns Mädchen entwickelte, die der Zufall zusammengebracht hatte, hält übrigens bis auf den heutigen Tag.) Warum sind mir diese Erfahrungen so scharf in der Erinnerung geblieben, als hätten sie sich erst gestern abgebildet?«

M. F. sagt: »Ich habe unsägliche Mühe darauf gewendet, als junges Mädchen, mich so anzunehmen, wie ich war. Diese schonungslose Konfrontation mit dem Spiegel, die ich immer wieder auf mich nahm. Unerfüllbare Wünsche: schlanke Beine (meine sahen aus wie Luftballons), feine Hände (die meinen waren eher kleine, prall gefüllte Kissen), schmale Hüften, flacher Bauch. All das war mir nicht gegeben: Meine Mutter hatte mich schon als Baby völlig überfüttert, und ›das wird aufgegessen‹ war sicher der häufigste erzieherische Ausruf, den ich in meiner Kindheit gehört habe. Natürlich hungerte ich mich später eisern herunter – aber ›gewisse‹ Stellen blieben immer relativ rund. Wundervollste Kompensation all dieser Depressionsmacher: ›Er‹ war auf der Bildfläche erschienen. Durch ihn lernte ich die schönsten Körperfreuden kennen, die für mich vorstellbar waren. Und er klatschte auf die kleine Rundung, die er liebevoll ›unser Bäuchlein‹ nannte, und sagte zärtlich: ›Das muß aber beibehalten werden!‹ Endlich einer, der mich so akzeptierte, wie ich war. Ich war selig. Und wie es weiterging? Eines Tages blieb er weg – einfach so. Ich will nicht sagen, wie schlimm das war, nur: es war wirklich die äußerste Kränkung. Nun, ich habe es überlebt.«

I. T. sagt: »Sein Auto war in einer längeren Reparatur. Ich bot ihm meines an, womit ich sonst sehr eigen bin. Er lachte, wohlwissend, daß ich mir das Vehikel wirklich vom Herzen reißen muß und sagte: ›Fein, dann kann ich ja die andere schnell mal besuchen, das kostet sonst so viel Zeit und Taxigeld.‹ Er würde das nicht tun – nicht mit *meinem* Auto, aber sonst war das ganz ernst gemeint. Er signalisiert mir ständig, daß ich mich innerlich nicht an ihn binden solle. Da ich ihn von mir aus nicht verlassen will, muß ich sehen, wie ich mit dieser Bindungsangst fertig werde. Er würde nie auf etwas verzichten, was ihn reizt, nur um meine Gefühle zu schonen. Gibt es überhaupt Männer, die dies tun? Ich zweifle daran, jedenfalls habe ich noch nie einen getroffen.«

Frauen beschreiben ihre Problem-Männer

Beatrix: »Weißt du, daß er einen gemessenen Intelligenzquotienten von 145 hat? (Für Laien: das ist leicht über der sogen. Genie-Grenze.) Seine Intelligenz ist aber nicht so effektiv, wie sie sein könnte. Er hat nämlich keine Ordnung in sich. Von irgendwoher kommt ihm plötzlich ein Gedanke, der ihn fasziniert. Meinetwegen: In Hamburg ist eine Schauspielpremiere, und die will er sehen. Er muß einfach dabeisein. Dann schmeißt er also den Kugelschreiber hin, springt auf. (Unser Sohn guckt mich leicht ironisch an, wir kennen das ja schon. Wir denken: jetzt ist es wieder so weit.) Er rennt raus, steckt den Kopf zur Tür herein und schreit: ›Also, ich fahr' mal eben weg, wartet nicht auf mich‹ – er sagt natürlich nicht wohin, das müssen wir raten. Ich bete förmlich, es möge ›nur‹ diese Premiere sein, nicht eine der ›anderen‹, die es zweifellos auch gibt und die für mich irgendwelche beklemmenden Phantome sind. Oben liegen die unkorrigierten Hefte – na schön, es ist Freitag, das Wochenende steht vor der Tür, und so total flippt er nicht aus, daß man ihn pflichtvergessen nennen könnte. Jochen sagt: ›Mammi, mach dir nichts draus – er kommt ja wieder, und ändern können wir ihn sowieso nicht.‹ Jochen ist 15, zum Glück hat er von seinem Vater die Intelligenz und von mir den Ordnungssinn – nicht umgekehrt, obwohl ich finde, so intelligent wie ich immerhin auch bin, damit wäre er auch nicht so ganz schlecht bedient. Dann aber sagt Jochen (auch das vorauszusehen): ›Tschau, Mammi, ich geh jetzt zu Micha.‹

Mit dem macht er chemische Experimente. Irgendwie haben sie den Ehrgeiz, einen Preis zu kriegen.

Ich drehe am Fernseher: der übliche Mist. Ich rufe Regine an: nicht zu Hause. Sie ist, fällt mir ein, mit einem neuen Mann beschäftigt – mal wieder. Der wievielte, der nicht bei ihr bleibt? Neulich sagte sie zu mir: ›Du, manchmal bin ich dem Strick nahe. Warum machen wir uns eigentlich nicht total unabhängig von diesen Kerlen?‹

Ich nehme den letzten Bestseller zur Hand. Merkwürdig, wieso ist das Buch ein solcher Renner geworden? Früher hätte ich mich spontan hingesetzt und eine Kritik geschrieben, ohne Chance freilich, daß sie gedruckt würde, aber immerhin. Aber jetzt hat er mich mit seiner Sprunghaftigkeit und seinem unvorhersagbaren Verschwinden so ausgelaugt, daß ich dasitze und vor mich hingucke wie eine Kuh, so dämlich komme ich mir vor.

Aber jetzt fällt mir etwas ein. Früher habe ich ihm immer Lesefrüchte hingelegt, irgend etwas, was mir gefallen hat, und dann haben wir darüber gesprochen. Irgendwie fühle ich mich furchtbar bitter. Ich stehe auf, kritzele auf einen Zettel: ›Rien ne m'est sur que la chose incertaine‹. (Burgundischer Edler, 15. Jahrhundert: ›Nichts ist mir sicherer als das Unsichere und das Ungewisse.‹) Dann komme ich mir noch dämlicher vor. Was soll er dazu sagen, wenn er das auf seinem Nachttisch findet? Wir sind doch erwachsene Leute, wir können das doch direkt austragen. Aber dann fällt mir etwas anderes ein, ein Zitat, das mir Eindruck gemacht hat; ich schlage es nach (bei Marilyn French, Das blutende Herz: ›Schließlich war sie eine Frau des 20. Jahrhunderts und somit dem Irrglauben unterworfen, daß, was der Kopf begriffen hat, dem Herzen nicht mehr weh tun konnte ...‹

Schön, fangen wir von vorne an. Es hilft alles nichts, ich komme nicht drüber weg. Alle diese raffinierten Verdrängungsmechanismen ...

Ich kippe schließlich einen Whisky hinunter, gleich aus der Flasche; nein, ich bin keine Alkoholikerin, aber ich kann es mir plastisch vorstellen, wie man eine wird.

Ich gehe ins Bett, schlafe gleich ein, träume einen furchtbaren Traum. Friedrich und ich fahren in einem Lift nach unten. Plötzlich hebt er eine Wand des Fahrstuhlkorbes aus, rennt seinen Kopf gegen die rauhe Wand des Schachtes, wieder und wieder, schließlich fällt er blutend und bewußtlos zu Boden. Ich hatte nichts getan, um ihn davon abzuhalten. Irgendwie kommt eine Ambulanz und fährt ihn weg. Später bin ich im Krankenhaus. Ich darf nicht zu ihm, es ist schon lange Zeit seit dem Vorfall vergangen. Ein Arzt zeigt mir eine Reihe Farbfotos, wie er nackt auf einem Bett hockt, ohne sich selbst zu kennen, vor sich hinstarrt mit einem ganz versunkenen Gesichtsausdruck. Um ihn herum ein Chaos von Kleidern, Strümpfen, Büchern, Bildern, Kissen. Er hat eine Erektion, die er betrachtet.

Ich schrecke auf, ich bin verzweifelt über diesen Horrortraum. Zeigt er mir doch, wie groß meine Angst um ihn ist, wie sehr mich dies ›Ausflippen‹, das doch eigentlich harmlos ist – oder etwa nicht? –, fürchten macht, es könnte einmal zur totalen Selbstzerstörung führen. Wieso eigentlich? Er trinkt nicht, er nimmt keine Drogen, und die ›anderen‹, sie sind offenbar nicht so weit ›unter Niveau‹, daß man den großen Skandal (welchen auch immer, vielleicht habe ich da eine etwas zu bürgerliche, vielleicht sogar puritanische Vorstellungswelt) fürchten müßte. Gleichzeitig bin ich ungeheuer erleichtert, daß das ja nur ein Traum ist.

Um 4 Uhr knarrt die Tür. Er geht ins Bad, kommt dann frisch, im gebügelten Pyjama, ins Bett. So rücksichtsvoll ist er denn doch. Er rollt sich neben mich, ein bißchen Kneipengeruch ist noch zu spüren. Aber nicht unangenehm. Er merkt natürlich, daß ich mich nur schlafend stelle, streichelt mein Haar, legt meinen Kopf auf seinen Arm und schläft dabei fast augenblicklich ein. Im Schlaf rückt er mir näher, zieht mich an sich; ich wage nicht, ihn zu wecken, ertrage lieber, daß er mich fast erdrückt, lausche seinem Atem, wüßte gern, was hinter dieser Stirn jetzt vor sich geht. Und bin unglücklich; er wacht auf, hat wie immer einen sechsten Sinn, streichelt mich und sagt: ›Ich erzähl' dir morgen.‹ Und das tut er dann auch.

Er hat die Premiere genossen. Er hat hinterher noch in einer Kneipe gesessen und mit den Leuten geschwatzt. Dann ist er noch durch die ausgestorbene City gewandert und hat…, ›nein‹, ich spüre im Morgengrauen, wie er grinst, ›das erzähle ich erst morgen – oder überhaupt nicht‹. Ich lehne den Kopf an seine Schulter, er streichelt mich wieder. Ich erzähle ihm meinen Traum. Er hört ganz ruhig zu. Schließlich sagt er: ›Da liegst du gar nicht so falsch – ich glaube selbst, daß ich ein bißchen verrückt bin. Wer weiß, vielleicht werde ich eines Tages mal richtig wahnsinnig.‹ Er sieht mich aufmerksam an: ›Was machst du dann mit mir?‹ Ich sage ohne nachzudenken: ›Dich weiterlieben, wahrscheinlich.‹ Sein Gesicht verzieht sich: ›Bitte, sprich das nicht aus.‹ Mein Gesicht verzieht sich nicht, dafür zieht sich mir das Herz zusammen.

Dann lieben wir uns, niemand wie er hat mich in meinem Leben zu solchen Höhepunkten bringen können. Ich bin unbeschreiblich glücklich, und gleichzeitig denke ich: ›Er kränkt mich, es macht mich krank, dieses Leben mit ihm.‹ Muß es immer diese emotionalen Wechselbäder geben, warum kann er nicht sein wie andere Männer?

Ausgerechnet beim Frühstück erzählt er den Rest. Ich weiß, sein Erziehungsprinzip für Jochen ist das, was er eine ›Kaltwassertherapie‹ nennt. Na, es ist schon mehr Eiswasser. Er erzählt also, daß er sich eine Peep-Show angesehen habe. Jochen bleibt völlig sachlich. ›Da warst du, weil du dir ganz toll vorkommst, wenn du so etwas machst, und weil du dich als Super-Pauker in deiner eigenen Stadt nicht traust.‹ Friedrich lacht gutmütig, antwortet aber nicht. Jochen stellt noch eine Nuance kühler fest: ›Im übrigen wirst du anscheinend alt. Zunehmende Lüsternheit ist ein sicheres Altersanzeichen.‹ Friedrich grinst diesmal nur. Jochen knallt die Tür beim Abschied – aus Versehen –, oder ist auch ihm ein Vater, der sich nicht scheut, seinen Fünfzehnjährigen mit seinem Voyeur-Appetit bekannt zu machen, ein bißchen zuviel? Friedrich umarmt mich schon wieder, ich kränke mich auch schon wieder: die Idee, daß er auf die entblößten Genitalien primitiver Girls schaut, daß deren obszöne Bewegungen ihn vielleicht in Erregung versetzt haben und daß ich mich jetzt gleich hier auf dem Teppich, wo er es so gern tut, unter seinem Körper förmlich auflösen werde – all das gibt mir in der Tat schon wieder dieses ganz und gar kranke Gefühl. Aber ich kann mich wiederum nicht der Verlockung entziehen, ihn wenigstens in diesem Augenblick ganz zu besitzen.

Ich werde diesen Mann nie begreifen, aber ich komme nicht von ihm los. Er ist egozentrisch, rücksichtslos, er verletzt mich so schwer, dieser intelligente und zugleich so herzensdumme Mensch. Hinterher ist er zärtlich, liebevoll, macht sich in der Küche zu schaffen, fragt: ›Wollen wir essen gehen, dann brauchst du nicht zu kochen‹, verschwindet nach oben, korrigiert seine Hefte, vergißt die Zeit, ich mahne ihn nicht. Als er herunterkommt, ist es gegen 3, viel zu spät, um noch zum Essen zu fahren. Er ist schuldbewußt, macht eine Flasche Sekt auf, und als Jochen nach Hause kommt, findet er seine Eltern leicht angeschickert und albern über lauter Unsinn kichernd vor. Seinem Gesicht ist anzusehen, daß er das alles degoutant findet, aber uns ist das diesmal ganz egal. Wir sind Kumpels, Freunde, vernarrt ineinander, eine der Stunden ist das, wo ich denke: ›Sei nicht zickig, jedenfalls hast du dich noch nie im Leben auch nur eine Sekunde mit ihm gelangweilt.‹ Wieder fällt mir ein Zitat aus einem Buch ein, diesmal von der frechen Amerikanerin Erica Jong: ›Betrügen tun sie dich alle früher oder später. Also such dir einen, der wenigstens amüsant ist, solange er nicht betrügt.‹ Recht hat sie.

Es vergehen einige Wochen, dann fängt Friedrich wieder an, unruhig zu werden. Er verschwindet ein paarmal spontan. Dieses Mal erzählt er nichts. Er ist zerstreut, wenn er nach Hause kommt. Ich frage natürlich nichts, er weicht meinem Blick aus. Er schläft nur einmal mit mir innerhalb von vier Wochen. Es ist schön wie immer. Mein Körper scheint ihm immer noch nicht böse zu sein, aber ich werde es langsam immer mehr. Ich sage zu ihm – scheinbar ganz unernst, spielerisch: ›Du bist – ich habe diesen Ausdruck extra für dich erfunden – du bist ein Killer-Partner. Du killst meine Gefühle für dich, du killst damit auch mich, aber du wirst sehen, ich lasse mich nicht killen, eher tue ich es selbst. Wenn du das nächste Mal nach Hause kommst, schieße ich auf dich.‹ Er lacht, küßt mich, er steht in der Tür mit den Wagenschlüsseln in der Hand – oh, diese frechen, diese unwiderstehlichen Augen. Ich sage ruhig: ›Also, du bist gewarnt, wenn du in der Frühe heimkommst, schieße ich auf dich.‹ ›Na, dann tschau, Virginia Woolf‹, sagt er, ›und vergiß nicht, vorher zu üben.‹

Ja, wir haben eine Waffe im Haus. Ich blieb auf, ich starrte auf die kleine Öffnung, ich trank nicht, ich wollte ganz klar bleiben, aber was ich dann wirklich tun würde, wußte ich nicht. Ich weiß nur noch, daß meine Gedanken hoffnungslos fixiert waren: ich muß, ich muß es ihm endlich einmal zeigen. Die Kränkung überwuchert inzwischen mein ganzes Leben. Morgens um 4 Uhr stand er in der Tür, er wurde blaß, machte ein paar Schritte auf mich zu, sagte: ›Aber, Virginia Woolf, nun sei mal ein liebes Mädchen ...‹ Da habe ich geschossen. Er blieb einfach stehen, und ich verfehlte ihn um mehr als einen Meter.

Ich weiß nicht mehr viel von dem Nachher, nur, daß wir gemeinsam später das Einschußloch sorgfältig zugeklebt haben, daß Jochen nichts gemerkt hat, daß überhaupt nie jemand davon erfahren hat. Wir hatten ein einziges langes Gespräch. Friedrich fährt noch manchmal weg, aber es kränkt mich nicht mehr. Ich habe meine Kränkung zerschossen, und er hat verstanden, was er für mich ist, und ich weiß, daß er mich trotz allem liebt. Es war der Stoß ins System, weißt du, der uns beiden gefehlt hatte. Ich will das um Gottes willen nicht zur Nachahmung empfehlen, aber: seither haben wir uns beide in bestimmte Richtungen hin verändert. Ich glaube jetzt, daß unsere Partnerschaft halten wird.«

Ein Brief, der ihn nicht erreichte

Irmgard schreibt: »Wir sind jetzt vier Jahre geschieden; bittere Jahre, in denen ich erkannte, daß der Mann, dessentwegen ich Dich verlassen hatte, mich nicht heiraten würde. Dir mag das zur Genugtuung dienen. Aber schwelge nicht in diesem Gefühl: mir ist längst klar geworden, daß ich Dich früher oder später auch ohne die vermeintliche Aussicht auf eine Wiederheirat allein gelassen hätte. Ich habe das lange verdrängt, das, was ich einfach nicht mehr ertragen konnte.

Ich will es Dir endlich einmal sagen. Einmal, auf einer Landstraße in Frankreich, fuhrst Du zu schnell und machtest ein riskantes Überholmanöver. Du saßt sehr verkrampft am Steuer; ich konnte plötzlich Dein Profil mit diesem verbissenen Mund, diesen ehrgeizig verzogenen Lippen nicht mehr ertragen. Du sahst – ja, wie eigentlich aus? Beleidigt, beleidigt wie ein kleiner Junge, dem man ein Spielzeug wegnehmen will, weil Du merktest, daß ich Angst hatte und mich mühsam zwang, nichts zu sagen. In diesem Augenblick wurde mir klar, daß ich kein Motiv mehr hatte, ein Leben mit Dir zu verbringen. Mir fiel immer mehr ein, als ich mir in Gedanken vorsagte: Ich lasse mich scheiden, ich lasse mich scheiden. Deine Geistesabwesenheit, wenn ich etwas erzählte, was Dich eigentlich hätte interessieren sollen. Du blicktest einfach auf einen imaginären entfernten Punkt und murmeltest irgend etwas. Deine urplötzlichen Stimmungsumschwünge. Eben noch heiter, fröhlich, beredt – dann ein Wort, was Dir nicht paßte, ein Thema, das Du im Augenblick nicht angesprochen haben wolltest: schon düstere Verstimmung. Dein Gesicht wurde maskenhaft, Deine Stimme hoch und scharf, Dein Mund wie ein schmaler Strich.

In der Liebe gebrauchtest Du dumme kleine Koseworte – infantile, mit denen ich mich überhaupt nicht identifizieren konnte. Diese Form der Regression war mir gräßlich. Ich habe das mal schüchtern angebracht, aber Du hast das – wiederum beleidigt – ignoriert. Du gabst mir nie das Gefühl, daß mich ein Mann im Arm hielt – irgendwie kam mir das, was wir taten, wie ›Unzucht mit Kindern‹ vor.

Jeder Streß, jede Belastung machte Dich nervös, hektisch, unkonzentriert, nahezu unansprechbar. Dann flohst Du in den Schlaf. Wir hatten etwas vor – ich wagte nicht, Dich zu wekken. Damals fand ich eine Bezeichnung für Dein Verhalten, ich nannte es ›ungnädig‹ – ›Richard ist wieder ungnädig‹, sagte ich einmal zu einer Freundin; sie verstand nicht, was ich meinte,und beschrieb ihr einige Beispiele. Sie sagte nur trocken: ›Und das läßt du dir gefallen?‹ Treffend gesagt, ohne jeden Zweifel, aber was sollte ich denn tun? Ich hatte einmal versucht, Dir zu sagen, worunter ich litt: Du zogst nur die Augenbrauen hoch (ungnädig) und sagtest die lichtvollen Worte: ›So, so, so.‹ Das war alles.

An dem Abend, als ich mir ein Herz faßte und Dir sagte: ›Du, ich möchte mich scheiden lassen‹, ließest Du die Zeitung sinken und sagtest völlig verblüfft: ›Aber wir sind doch ganz glücklich verheiratet, jedenfalls nicht schlechter als andere Leute auch.‹ Und dann, als ich sagte, dies genüge mir eben nicht für eine Ehe, sagtest Du wiederum nur: ›Ja, wenn das so ist...‹ und verließest den Raum. Als ich ins (noch) eheliche Schlafzimmer kam, warst Du bereits in festen Schlaf gefallen. Ich lag fast die ganze Nacht wach, Du merktest es nicht, schliefst wie ein Baby; es war Deine Art, mit einem Problem fertigzuwerden. Ich empfand deswegen gar nichts; um wütend zu sein, warst Du mir nicht mehr wichtig genug. Aber ich schämte mich, schämte mich, daß ich eine solche Partnerwahl jemals hatte treffen können.

Nun ist alles lange her, ich durchschaue den Mechanismus dieser ›Wahl‹ jetzt besser: Du hattest jemanden abgelöst, den ich nicht kriegen konnte, aber ich wollte endlich auch einmal verheiratet sein – insofern hatte ich Dir auch etwas angetan; ich hatte Dich in erster Linie benutzt, um mein Nachholbedürfnis zu befriedigen. Ich mußte es also auch mir selbst anrechnen, daß ich so ›aufgelaufen‹ war.

Wenn ich mir jetzt diesen Brief durchlese, finde ich, er ist zu schade für Dich – Du wirst überhaupt nichts mit ihm anfangen können, wahrscheinlich nur die Achseln zucken und Dein berühmtes ›So, so‹ murmeln. Ich habe mir das Ganze noch nicht einmal von der Seele geschrieben, es ist eine Art persönlicher Bilanz, sie geht Dich eigentlich gar nichts an. Ein Brief für die Schublade – oder für den Papierkorb. Ich brauche kein Dokument für eine glückarme Phase in meinem Leben, sie wird ewig in der Erinnerung meines Herzens bleiben. Nun werde ich auch noch unangemessen pathetisch. Ein Grund mehr, dieses Stück Papier ein Stück Papier sein zu lassen... Leb wohl, ich meine das wirklich so, Du hast so wenig Talent zum Glücklichsein, daß man Dich bedauern kann. Aber noch nicht einmal dies Gefühl weckst Du in mir. Passé...«

Hanna erzählt (und sie merkt nicht, daß sie »ihn« teilweise direkt anspricht): »Wenn Du mittags das Haus betratest, war der schöne ruhige Vormittag vorüber. Du stürmtest in die Küche, hobst der Reihe nach die Topfdeckel hoch (hast Du nie gemerkt, in wie gräßlich antiquierter Weise Du das patriarchalische Modell des Topfguckers verkörperst? Es war geradezu idiotisch, es nicht zu merken) und poltertest, wenn Dir irgend etwas nicht paßte.

Oh, diese überlaute Stimme. Ich hatte zweierlei erwogen, bevor wir heirateten. Entweder ich würde mich an sie gewöhnen, oder ich würde sie Dir abgewöhnen. Dann stürmtest Du ebenso mit dem Ruf: ›Beeilt euch (ach, wie gern ich das hatte, daß Du die Hausgehilfin und mich in einem Atem ›ihr‹ nanntest), ich muß um 2 wieder im Geschäft sein‹ in Dein Zimmer und kommentiertest laut die Post. Die Hausgehilfin verschwand bereits mit ihrem Tablett in ihr Zimmer – wir hatten ihr natürlich angeboten, mit uns zu essen, aber nein, sie lehnte schlicht ab: ›Vielen Dank, aber Ihr Mann ist immer so ‚nervös' (eine sehr charmante Umschreibung, Deine plumpe Art, Dich auszubreiten, zu beschönigen), da haben wir alle mehr Ruhe, wenn ich alleine esse.‹ ›Wir sind nun mal ein Geschäftshaushalt, da geht es etwas hektischer zu‹, antwortete ich. Dieses Klischee von ihm, merkte ich zu meinem Entsetzen, hatte ja auch schon ich übernommen. Wieder kamst Du in die Küche, klatschtest mir mit der flachen Hand auf den Po, faßtest mir in die Bluse, Du hast mir fast die Brustwarze zerquetscht und dabei ins Ohr gepustet: ›Nach dem Essen bist du dran, Mädchen, mir ist schon den ganzen Morgen danach‹ und führtest meine Hand an ihn, den ›Pint‹, wie Du ihn immer stolz selbst nanntest – und Dich beschwertest, weil ich mich weigerte, ihn zu küssen. Dann konntest Du großer, dicker gräßlicher Mann ganz weich werden, unterwürfig betteln. ›Nimm ihn doch einmal in den Mund, andere Frauen tun das doch auch.‹ ›Dann geh doch zu deinen Nutten‹, sagte ich. Ich wußte gar nicht, ob er welche kannte, wahrscheinlich, aber das war mir seit langem egal. Er hatte einen unersättlichen Geschlechtstrieb.

Er aß wenig heute, eilig, trank ein Bier dazu, stand noch während des Nachtischs auf, streifte mir schon auf dem Weg zum Schlafzimmer den Slip ab. Ich war ›knochentrocken‹, wie er mißmutig registrierte. Trotzdem drang er ohne jedes Vorspiel in mich ein, es tat wahnsinnig weh. Während er immer wieder in mich stieß, ging das Telefon auf dem Nachttisch. Er griff über meinen Kopf hinweg zum Hörer, seine Bewegungen wurden zwar mechanischer, aber sie hörten nicht auf. Er war zwar ein wenig atemlos, aber er hörte keineswegs auf, antwortete korrekt, und dann sagte er: ›Außer Atem? Ja, mein Lieber, sind Sie das nicht, wenn Sie telefonieren, während Sie Ihre Frau vögeln?‹

Da habe ich ihn geschlagen. Ich habe mich losgerissen, und noch ehe er den Telefonhörer hinlegen konnte, habe ich ihm mit aller Kraft mitten in sein dickes, selbstzufriedenes, schweißiges Gesicht geschlagen. Er wurde ganz grau. Sein Penis schrumpfte zu einem traurigen Etwas zusammen. Er schlug zurück, lächelnd, grausam, gezielt – nicht wie ich, im Affekt, nein. Er zog mich auf seine Knie und schlug methodisch, langsam, genüßlich. An diesem Nachmittag habe ich ihn verlassen. Ich will ihn nie wiedersehen.«

Eva berichtet: »Wir sind jetzt 5 Jahre verheiratet. Walter war mein Chef, ich seine Sekretärin. Ich fand ihn faszinierend. Er war souverän, erfolgreich, ein richtiger Manager-Typ mit einem Schuß Verschlagenheit und immer vital. Er fragte mich eines Abends, als ich Überstunden gemacht hatte, ob ich mit ihm essen gehen wollte, und natürlich wollte ich. Eigentlich hätte ich ja stutzig werden müssen, aber ich wurde es nicht. Ich war zu vernarrt in ihn. Er brachte mich zwar im Taxi nach Hause und, was Wunder, er küßte mich natürlich, aber als wir vor meiner Haustür ankamen, sagte er: ›Also, auf morgen, ich freu' mich schon drauf.‹ Du kannst dir vorstellen, daß ich einigermaßen enttäuscht ins Bett ging.

Ich zog mich am nächsten Morgen ein bißchen frecher an als sonst, und ich bemerkte sofort, daß er mich ›sah‹. Er strich eigentlich den ganzen Tag so um mich herum – ich dachte immer: Mann, warum denn nicht schon gestern abend? Jedenfalls, am Ende dieses Tages schliefen wir miteinander, in seinem Büro, nachdem alle weg waren. Es war himmlisch. Die Zeit danach war sehr aufregend: Wir arbeiteten tagsüber ganz korrekt, es lag sogar ein gewisser Genuß darin, so sachlich zu sein, daß niemand auf die Idee kam, was wirklich im Gange war. Und abends stürzten wir dann förmlich aufeinander. Ich arbeitete natürlich ganz besonders perfekt, weil ich ihm deutlich machen wollte: so wird es auch gehen, wenn ich dir erst ›das Haus‹ machen darf. Denn ich wußte, er hatte viele gesellschaftliche Verpflichtungen, die er mit einer älteren Hausdame bewältigte. Ich besuchte ihn dann auch mal in seinem Haus, er mich auch in meiner Wohnung, die ihm sehr gut gefiel (ich glaube, der Geschmack, den ich da hineingesteckt habe, war so eine Art Prüfstein, eine Art Test, wie ich mich in seinem Haus ›machen‹ würde). Seines hatte übrigens ein bekannter Innenarchitekt eingerichtet, und er war sehr stolz darauf, behauptete, der Mensch habe ganz nach seinen Weisungen gehandelt – inzwischen weiß ich, daß das nicht stimmt: von Häuslichkeit und Eleganz versteht er gar nichts, das machen alles andere für ihn.

Komischerweise – jetzt finde ich das nicht mehr erstaunlich – war er bei sich zu Hause und auch bei mir keineswegs so ›scharf‹ auf mich wie im Büro. Ich fand, es war trotzdem schön. Ich habe dem damals keine besondere Bedeutung beigemessen. Jedenfalls war ich überglücklich, als er eines Tages fragte, ob ich ihn heiraten wolle. Er sagte wörtlich: ›Ich denke, eine so gute Sekretärin wird auch eine gute Ehefrau. Du mußt viel repräsentieren, das weißt du doch.‹ Ja, wir haben geheiratet; ja, ich habe repräsentiert, und ich tue es noch. Er überläßt mir alles. Zu Hause mischt er sich in nichts ein. Wenn wir

Gäste haben, steht er neben mir und guckt mich bewundernd an. Ich habe teure Kleider, ich gehe mit seinem Geld um, wie ich mag. Und ich habe im Bett fast nichts mehr von ihm. Warum? Er hat ein Verhältnis mit seiner neuen Sekretärin. Ich habe den Fehler gemacht, ihn im Büro abholen zu wollen. Dummerweise hatte ich noch die Schlüssel. Da habe ich sie überrascht. Es war ein entsetzlicher Schock. Er kam dann sehr bald nach Hause, wollte mich in den Arm nehmen, Erklärungen abgeben; er sagte: ›Aber weißt du, sie wird deshalb nicht gehen, sie ist eine tüchtige Kraft, und sie tut alles für mich.‹ Ich hatte begriffen: die Firma, das ist sein Machtbereich, und man kann sein Ego nicht besser füttern, als vor dieser Macht bedingungslos zu kapitulieren. Den weiblichen Menschen, der ihm diesen Gefallen tut, den muß er mit Haut und Haaren besitzen. Ich dagegen, zu Hause, die ›treusorgende Ehefrau‹, ich spiele für ihn eine absolut sekundäre Rolle. Finde ich mich mit dieser Rolle ab?

Ich tue es. Er ist sonst kein schlechter Mann, er ist höflich und großzügig. Ich verstehe ihn zwar nicht, aber was soll's? Er ist der Boß und ich diejenige, die sich ihm fügt. Nur nicht in dem Milieu, an dem ihm liegt und das offenbar für ihn auch das ist, was er sexy findet. Manchmal denke ich, ich hätte sein ›Verhältnis‹ bleiben sollen. Aber glücklich wäre ich dabei auch nicht gewesen – genausowenig wie jetzt.«

Männer oder Ungeheuer?

Da haben wir also eine »Blütenlese«, die weder repräsentativ ist noch besonders ungewöhnlich. Wir können nur hoffen, daß es sehr viele Frauen gibt, die nie Rat suchen, die nie jemand nach ihren Erfahrungen fragt und die gar keinen Grund sehen, sich zu artikulieren: weil es ihnen einfach geht wie T. P., die sagt: »Die große Kränkung habe ich nie erfahren.« Und wie viele mögen sich »arrangieren«, allen Liebeshändeln aus dem Wege gehen, wie M. P. und ihre Freundin: sei es aus Überzeugung, sei es aus Resignation? Ja, sind diese flüchtigen, festen, legalen oder illegalen Männer nun besondere Neurotiker, Brutalisten, Bestien oder ganz gewöhnliche Männer, Normalbürger, wie sie uns im Bus und am Büroschreibtisch gegenübersitzen, wie sie die Schwimmbäder, die Fußballplätze, die Kneipen bevölkern? Ich denke, das letztere. Sie alle wirken auf Frauen, denen sie längere oder kürzere Zeit sich verbunden gehalten haben, allerdings wie Menschen von einem anderen Stern: fremd oder fremd geworden, unbegreiflich, nicht zu »fassen«.

Was können wir ableiten aus diesen Erfahrungen?

Vorab sollten wir uns hüten, die kränkenden Mitmenschen, die hier agieren, als solche anzusehen, die gewissermaßen unter einer Glasglocke, isoliert, allein für sich handeln oder auch nur sich verhalten. Alles, was zwischen Menschen geschieht, ist Interaktion. Es gilt also Paul Watzlawicks denkwürdiger Satz: »Man kann nicht *nicht* kommunizieren.« Während wir diesen unbestreitbaren Satz zitieren, müssen wir uns vergegenwärtigen, daß es bei der Anerkennung der Unausweichlichkeit der gegenseitigen Kommunikation nicht um die Zuweisung von Schuld geht. Diese Frage wollen wir also schon ganz zu Anfang unserer Betrachtungen ausklammern. Es geht vielmehr darum, uns vor Augen zu führen: Kann man »Kränkung« auch vorprogrammieren? Die Antwort heißt schlicht: Man kann.

Aber wie?

Es gibt verschiedene verbreitete Grundannahmen, die weitgehend falsch sind.

1. Man überschätzt seine Fähigkeit, Kritik zu ertragen. Viele Menschen sagen selbstbewußt: »Ich kann Kritik vertragen. Ich bin sogar dankbar für Kritik, weil sie mir weiterhilft, weil ich aus ihr lernen kann, weil sie mir möglich macht, mein Selbstbild, das vielleicht falsch ist, zu korrigieren. (Was meistens nicht hinzugefügt wird: Aber keine scharfe Kritik. Keine unsachliche, nicht, wenn sie meine empfindlichen Stellen trifft. Bitte auch nur, wenn der Kritiker mich gleichzeitig für etwas anderes bestätigt.)

Aufrichtige und konstruktive Kritik ist in der Tat selten. Sie setzt voraus, daß der Kritiker uns im Grunde mag, daß er nicht sein Mütchen an uns kühlen oder daß er nicht eigene Aggressionen loslassen will, wobei wir mehr oder weniger zufällig als Objekt dienen, das gerade zur Hand ist. Immerhin erfahren wir durch Kritik eines: daß jemand ein anderes Bild von uns hat, als wir es selbst wahrnehmen. Das kann hilfreich wie auch schmerzlich sein. Auf jeden Fall handelt es sich um eine subjektive Wahrheit, und sie trifft auch zumeist nur einen Sektor unserer Person.

Das alles sollten wir uns klarmachen, ehe wir uns verletzen lassen. Denn Kritik anzubringen: Dazu bedarf es eines ausbalancierten Taktgefühls, das eher zu den kostbaren, den seltenen Zügen gehört, die wir gern an unseren Mitmenschen erleben möchten, auf die wir aber nie als Selbstverständlichkeit rechnen dürfen. Konstruktive Kritik ist also ein echter Freundschaftsdienst. Wer uns nie kritisiert, interessiert sich wahrscheinlich kaum für uns, wer es *immer* tut, zeigt, daß er eher Rivale ist denn Freund. Wer seine Kritik klug dosiert und nicht verletzt, ist ein Künstler in der Kommunikation und ein echter Helfer: er bereitet uns darauf vor, Enttäuschungen leichter zu ertragen. Er lehrt uns, unser Ich zu stärken und unser Selbstgefühl zu stählen, und das wiederum bewahrt uns davor, bei jeder Zurückweisung in die Knie zu gehen bzw. uns selbst für so unwiderstehlich, so attraktiv, so liebenswert zu halten, daß wir meinen, ein jeder müßte uns gern haben, wenn nicht sogar lieben. Nur wenige von uns sind *nicht* davon überzeugt, daß man sie lieben müßte, so wie sie gerade sind, und fast alle scheuen wir uns davor, uns zu ändern: schon früh hat z. B. der amerikanische Psychoanalytiker Franz Alexander entdeckt, daß auch der seelische Organismus ein der Physik vergleichbares Trägheitsprinzip kennt. Sich ändern: das ist wohl die härteste Zumutung, die man an einen Menschen richten kann. Aber dies ist genau das, was uns manches Leiden erspart, was unsere Beziehung zu unseren Mitmenschen – und auch die zum nächsten Partner – stabilisiert und weniger krisenanfällig werden läßt.

B. J., jenes kleine Mädchen, das fälschlich glaubte, ihr gelte die Bewunderung, die einer anderen zuteil wurde, und die erleben mußte, wie man ihr ständig die schönere Freundin vorzog, hat ihre Chance genutzt. Sie interpretiert diese Erfahrung, über die sie viel nachgedacht hat, für ihre spätere Entwicklung so: »Ich habe mir diese Erlebnisse zu eigen gemacht: d. h., ich habe mich nicht gegen sie gewehrt, sondern fest an mich gedrückt. Ich habe mir gesagt: Neid und Mißgunst, Eifersucht und vielleicht sogar Haß als Reaktion auf Kränkung – das gibt vielleicht ein momentanes Gefühl der Befriedigung von Rachsucht, die irgendwo in jedem Menschen steckt. Auf die Dauer glücklich machen können solche Emotionen jedoch nicht. Gekränktsein und Enttäuschtsein – das kann kein Mensch auf die Dauer hinter einer für andere Menschen attraktiven Maske verbergen. Sie zeichnen mich, sie verraten mich. Auf diese Weise kann ich niemals liebenswert sein. Und: ich muß gerechterweise sagen, was können die anderen dafür, daß sie reizvoller sind als ich? Ich darf es sie nicht entgelten lassen. Irgendwie hat mir dieses: ›Nicht mitzuhassen, mitzulieben bin ich da...‹ ungemein eingeleuchtet. Und so bin ich mit der Zeit zwar nicht immun gegen Zurücksetzungen und Kränkungen geworden; aber ich habe gelernt, mit ihnen umzugehen, sie einzuordnen und nicht überzubewerten, und ich bin gelassen geworden.«

2. Liebe weckt Gegenliebe. Gleichfalls falsch. Die Tatsache, daß ich jemandem Gefühle entgegenbringe, macht ihn noch nicht bereit, diese Gefühle zu erwidern oder auch nur entgegenzunehmen. Beständige Gefühlszuwendung, so glauben viele, muß doch irgendwie »ankommen«, vielleicht sogar »rühren«, weichmachen. Nicht nur ganz junge Menschen unterliegen diesem Irrtum: auch solche glauben daran, die eigentlich erfahrener, klüger, reifer sein sollten. Viele dieser Frauen haben dem Gegenstand ihrer Wünsche zu viel Gefühl »angedient«. – Wer den ersten Schritt tut, muß immer mit der Enttäuschung des Abgewiesenwerdens rechnen. Das ließe sich vermeiden, wenn wir die Signale, die der andere aussendet, subtiler beachten würden: aber Liebe und Hoffnung verstellen uns oft den Blick.

3. Hauptsache: ehrlich. »Ich kann alles ertragen – nur nicht, daß er mich belügt.« Wie viele Frauen mögen diesen Satz schon produziert haben – im guten Glauben, wenn »die Situation« da ist, dann diese Ehrlichkeit als ein Zeichen nehmen zu können: wir haben ja mal einander geschworen, wenn je etwas zwischen uns tritt, das sofort zu sagen – und dann ist alles wieder gut. Aber wer tut das schon? Weiß ich genau: der Schritt vom Wege, die Faszination durch eine dritte Person – sie haben für unsere Gemeinschaft keine Konsequenzen, dann mache ich das lieber allein mit mir ab. Warum für nichts und wieder nichts Kummer erzeugen? So denken viele, insbesondere Männer. Und wenn es ernst wird? Dann spricht man erst recht nicht. Alle die Männer unserer Beispiele – und das ist charakte-

ristisch – haben erst *danach* gesprochen, also erst, als es zu spät war – dann allerdings mit oft genug brutaler Offenheit. Und warum dann gleich in diesem schonungslosen Stil? Dafür gibt es mehrere Gründe. a) Die weit verbreitete männliche Hilflosigkeit, wenn es darum geht, Gefühle differenziert zu artikulieren. b) Kummer, der sich langsam aufbaut, mitanzusehen, ist lästig, macht ein schlechtes Gewissen, stört vor allem die eigene auf Hochtouren laufende Emotionalität, die »der anderen« gilt. Genuß ohne Reue ist dann nicht mehr so leicht zu erlangen. Man gibt also einem hemmungslosen »Erledigungsdrang« nach. Einem Menschen, von dem man fühlt: »Der liebt mich noch, und ich enttäusche ihn jetzt maßlos«, weh zu tun, ist in der Tat schwer. Man erspart sich das oft, so lange es irgend angängig zu sein scheint, und nimmt dann die Hürde in einem gewaltigen, kraftvoll ausgreifenden Sprung, etwa nach dem banalen Motto: »Lieber ein Ende mit Schrecken als ein Schrecken ohne Ende!«

Man sieht: Ehrlichkeit kann nur konstruktiv sein, wenn sie mit so etwas wie »tätige Reue« einhergeht. Und dies wiederum setzt einen Partner voraus, der diese Reue akzeptiert und nicht immer wieder bei passender bzw. meist unpassender Gelegenheit anzufachen sucht.

4. »Er betrügt zwar seine Frau mit mir, aber ich bin die große Ausnahme. Und er wird sie zwar jetzt noch nicht verlassen, aber irgendwann wird er es bestimmt tun.«

Irrtum: sehr viele »Wechsler« sind eben solche und bleiben es. Die Geliebte schafft es, durch die immer wieder notwendige Distanz, die sie reizvoller macht als die ständige Alltagsgegenwart der Ehefrau, vielleicht etwas länger die einzige zu bleiben: aber auch sie muß darauf gefaßt sein, daß sie eines Tages wieder aus seinem Leben zu verschwinden hat – zumal, wenn er sie vielleicht jahrelang mit immer wieder neuen Argumenten abspeist, warum seine Ehe (leider, leider) zwar zu den überaus unglücklichen, aber unauflösbaren gehört. Er hat sich einmal gebunden, und das reicht ihm. Denn er kennt sich: dazubleiben, das ist nicht seine Stärke. Das wäre nicht schwer zu erkennen, aber hoffende Frauen suggerieren sich gern, an jemanden geraten zu sein, der zu rücksichtsvoll ist, um seiner langgedienten Ehefrau wehe zu tun... bis sie eines Tages feststellen müssen: Er hat immer weniger Zeit für mich, oder: er hat mit der Angetrauten eine Reise auf einem Traumschiff gebucht. Doppelkabine natürlich. Oder: er wird wieder Vater. Was er »ein Versehen« nennt.

Die Beziehungs-Killer

Beatrix – Friedrich

Beatrix, die ihren Mann wegen seiner ständigen Kränkungen einen »Killer-Partner« nannte, will den Schuß nicht zur Nachahmung empfehlen. Und doch wird man nicht ganz das Gefühl los, sie ist ein bißchen stolz auf »ihre Lösung«. Was war denn nun los mit Friedrich? Er hat eines offenbar glänzend verstanden: sich undurchsichtig und unberechenbar zu machen. Ich bin überzeugt, daß er ein höchst attraktiver Bursche ist – und so etwas scheint Beatrix zu brauchen. Seine Unberechenbarkeit, die sie im Grunde so farbig findet – dieses »ich habe mich nie eine Sekunde mit ihm gelangweilt« –, das ist nicht das Problem. Das Problem scheint mir viel eher dieses zu sein: er hat sie ausgeschlossen aus seiner Welt, in der er herumspielt wie ein aufmüpfiges Kind. Und das setzt ihre Phantasie in Gang. Möglicherweise gibt es diese »Geliebten«, die sie Friedrich unterschiebt in ihrer Phantasie, gar nicht. Jedenfalls: was B. beschreibt, läßt darauf schließen, daß er seiner Frau als Partnerin keineswegs überdrüssig ist. Er ist ja auch offenbar ein begabter Liebhaber, der Einfälle hat und sie verwirklicht. Beatrix liegt ganz offenbar viel daran, daß er sie begehrt. Und das dürfte der Fall sein. Warum ist sie also böse, daß auch sie ihn begehrt und ihm das zeigt? Warum kann sie das nicht unbeschwert genießen, warum haßt sie sich selbst manchmal dafür, daß sie ihn so braucht?

Die sexuelle Beziehung wird hier zum Symbol des Zwiespaltes, von dem Beatrix erfüllt ist. Sie möchte ihren Mann so haben, wie sie sich ihn vorstellt, nicht so, wie er ist. Sie bringt seine Ausbrüche nicht ein einziges Mal mit irgendeiner Ursache in Verbindung. Er ist eben so, wie er ist, und er ist nicht so, wie sie ihn sich wünscht. Daran bleibt sie hängen. Ihr könnte z. B. der Gedanke kommen, daß Friedrich sich innerlich gegen die Normen auflehnt, die ihm sein Beruf als Pädagoge nahelegt. Er scheint trotzdem ein guter Lehrer zu sein, und er bringt seine Auflehnung ganz offenbar nicht direkt im Berufsbereich unter: er geht einen Ausweg, einen indirekten Weg. Spricht das für ihn oder gegen ihn? Hat Beatrix wirklich darüber nachgedacht?

Friedrich »rückt« also aus. Das kann die eben beschriebene Ursache haben – es kann aber auch dafür stehen, daß er spürt: Beatrix will ihn zu sehr »haben«. Ist sie schon einmal auf die Idee gekommen, zu prüfen, ob sie sein Verhalten mit provoziert? Sie sieht nur: ich bin für ihn da, ich gebe mich ihm voll hin, ich liebe ihn – kann das nicht mitunter auch einen Menschen förmlich erdrücken oder die Gefahr signalisieren: du bist nicht mehr du selbst, du wirst vereinnahmt?

Beide haben sie die berühmte »Sprachlosigkeit« praktiziert. Beide klug, beide anregbar, interessiert an allem möglichen, beide offenbar ausgeprägte Naturen. Bis es knallte ... im wahrsten Wortsinn knallte. Mußte das sein? Beatrix sucht das zu rechtfertigen. Und zeigt damit, daß auch sie Sinn fürs »Farbige« hat – nicht nur ihr Friedrich.

Sie hat auf einem Friedrich bestanden, der er nicht war, nicht sein konnte und auch jetzt, nach dem dramatischen Zwischenfall, nicht sein kann. Beatrix ist natürlich auch ein bißchen in sich selbst, in ihre Gefühlskraft, in ihre Vorstellungen verliebt. Sie findet es irgendwie spannend, diesen »Wanderer zwischen zwei Welten« zu besitzen oder vielmehr gerade nicht zu besitzen, und sie zieht, genau eigentlich wie er, den dramatischen Effekt der grauen alltäglichen Kleinarbeit in einer Durchschnittsehe vor.

Beatrix hat hoch gespielt, und sie hat Glück gehabt – unbeschreibliches Glück. Was, wenn sie ihn getroffen hätte? Wenn die beiden jetzt gewissermaßen »erwacht« sind, dann wurde es in der Tat höchste Zeit. Aber mußte man diese höchste Zeit wirklich durch einen Knall herbeiführen? Man kann diese Geschichte nicht zur Kenntnis nehmen, ohne die Rolle des Sohnes dabei zu beachten. Wieviele Anzeichen sprechen dafür, daß er fast reifer ist als seine Eltern? Beatrix hat *einen* Fehler bestimmt *nicht* gemacht: sie hat nicht versucht, den Sohn zu ihrem Verbündeten zu machen. Jochens Verhalten zeigt beruhigenderweise, daß manche Erziehungsvorstellungen von den betroffenen Kindern förmlich ignoriert werden. Sie suchen sich ihren eigenen Weg, und sie sind kräftig genug dazu. Glück gehabt mit dem Sprößling, Beatrix. Viele haben es nicht und laufen auf. Aber wie!

Die Peep-Show? Ach du liebes bißchen. Wenn's weiter nichts ist. Da ist ein »Markt«, und der macht Männer neugierig. Traurig genug, daß es so etwas gibt und daß es Leute gibt, die meinen, so etwas müßte es geben. Aber – nun ja, da hat er mal hingeguckt, wie ein kleiner Junge. Feministinnen sagen wahrscheinlich jetzt, es ist eine Schande, daß Frauen, die sich da zeigen, sich ausbeuten lassen müssen als Schauobjekt. Wer sein Existenzminimum, das die Gesellschaft oder eigenes Verschulden ihm beschert haben, wer will das immer trennen – damit aufbessern muß oder will oder beides oder sich einfach treiben lassen will: o. k. Schlimm genug, das finde ich auch. Aber wenn das nun jemand in Anspruch nimmt, der eine infantile Schaulust befriedigen möchte – ist der ein Ehebrecher, ein Ungeheuer, ein potentieller Triebtäter? Ich meine, nein. Infolgedessen ist auch Beatrix' Empörung über sein »Schauen auf die entblößten Genitalien« irgendwelcher Girls überzogen – er hat lediglich eins getan: die abgeschmackte Macho-Manier, sich eines Angebots von Frauenfleisch zu bedienen, mitgemacht. Jeder begeht irgendwann irgendwelche Geschmacklosigkeiten. Die auf sexuellem Gebiet sind solche unter vielen – aber keine, die die große Kränkung provozieren müssen. Beatrix kann offenbar schwer ohne Mann leben. Sie ist fixiert auf die Auffassung, sie müsse einen haben. Ihr Traum zeigt, wie fragil ihre Beziehung zu Friedrich im Grunde ist. Würde mehr Vertrauen in seine Stabilität ihn nicht eher aufbauen?

Hat sie ihn nur zeitweilig erschreckt? Macht sie sich Illusionen, wenn sie glaubt, dieser Schuß ins System habe manches verändert? Hoffentlich hat sie ihn nicht nur verschreckt, damit er sich diplomatischer verhält. Ich bin etwas mißtrauisch gegen Beatrix' Motive.

Beatrix und Friedrich – sie sind ein Paar, trotz allem. Sie haben auch offenbar den Willen, verheiratet zu bleiben. Aber: sie haben ganz offenbar zu wenig gesprochen in ihrer Ehe. Sie hat es mit rührenden, aber anscheinend zu intellektuellen Appellen versucht: ihm Zettel hinlegen. Mein Gott, warum so auf Umwegen an einen Menschen herangehen? Überließest Dich Deiner Körperlust mit ihm und hast nicht geredet? Warum hast Du nicht geredet, gesagt: Du, ich leide, Du bist anders als ich es mir vorstelle, warum bist Du anders – kannst Du so werden oder nicht, wie ich es wünsche? Nein, Beatrix, Du hast geschwiegen, viel zu lange geschwiegen.

Irmgard und Richard, der launische »Ungnädige«

Stimmungsschwankungen sind wirkliche Beziehungs-Killer (jetzt darf ich mal Beatrix zitieren: »Du bist ein Killer-Partner, der seine Ichhaftigkeit, in der du sitzt wie in einem Käfig, nicht durchbrechen kann und auch gar nicht will«). Hast Du erwartet, daß Richard um Dich kämpft? Dieser Mann konnte sich nicht ändern, weil es ihm gar nicht möglich ist, jene Dynamik, jene innere Bewegung und Bewegtheit zu entwickeln, deren es bedarf, um überhaupt erst einmal zu begreifen, was es heißt, einen Menschen zu verlieren, der sich doch einmal bereit gefunden hat, mit diesem und keinem anderen Menschen zu leben. In der Tat: Du hattest ein Kind geheiratet, ein unreifes Bübchen, das hübsch in seinem Kinderbett bleiben wollte. Hast Du seine Mutter gekannt? Es scheint so billig zu sein, immer alles auf die Mütter zu schieben: und doch – sie sind wohl diejenigen Personen, die derartiges sehr leicht »verschulden«. Da wird der Sohn gehätschelt und getätschelt: weil er ein kleiner Mann ist – vielleicht sogar der liebste Mann, den man jemals hatte, weil er keine massiven, sondern nur unterschwellige Ansprüche stellt. Es sind die sexuell selbst infantil gebliebenen Frauen, die ihre Söhne zu torsohaften, zwar sanften, aber seelisch flachen Spielknaben erziehen, mit denen später eine Frau, die an ihrer Identitätsfindung arbeitet, nichts anfangen kann. Aber schau: vergiß nicht, Dein eigenes Gewissen zu schärfen – Du hast ja schon damit angefangen. War das denn so schwer zu erkennen? War denn das Prestigedenken unumgänglich – bist Du denn solch ein Herdentier, daß dieses »ich wollte auch einmal verheiratet sein« Dich unbedingt dazu treiben mußte, Dir das Etikett »ich bin eine verheiratete Frau« anzukleben? Du hast Dir selbst die Kränkung vorprogrammiert.

Hanna

Und auch Hanna: Sie hat gesagt: »Ich habe gedacht, wenn wir erst verheiratet sind, werde ich dir das schon abgewöhnen« – die laute Stimme nämlich, die polterige Art und, wenn sie es schon gewußt hat, die brutalen Überfälle. Niveau ist in aller Regel Niveau – es einem Menschen erst später beizubringen, ist ebenso in aller Regel hoffnungslos. Ich werde den Verdacht nicht los, daß irgend etwas von dieser Primitivität Hanna zunächst gereizt hat. Ich halte es für eine überaus blödsinnige und falsche männliche Vorstellung, die auch bei feinfühligeren Männern anzutreffen ist, daß irgend etwas in Frauen darauf wartet, vergewaltigt zu werden. Gewalt ist in jeder Form abscheulich. Aber Hannas Mann hat sich sicher nicht erst in der Ehe zum Brutalisten entwickelt, er hat womöglich seine plumpen Verhaltensformen in der Zeit des Werbens etwas verfeinern können, aber könnte es sein – dies sollte Hanna sich fragen –, daß sie eine gewisse Form des rauhen und spontanen Überfalls (als er für sie sexuell noch attraktiv war, eine solche Zeit muß es doch einmal gegeben haben) ganz reizvoll fand, weil sie ihr das Gefühl gab, intensiv und ausschließlich begehrt zu werden? Es ist vorstellbar, daß dergleichen in gewissen

Stadien das ganze Gegenteil der »großen Kränkung« bedeutet: nämlich das Gefühl des aufgefütterten, des plötzlich anschwellenden Selbstgefühls: ich bin eine Frau, die so attraktiv ist, daß man sein heftiges Verlangen nach ihr nicht bremsen kann.

Wir können nicht darauf warten, daß der andere sich spontan ändert. Woher soll er ein Motiv nehmen, wenn er zunächst hat glauben dürfen, das, was er tut, »kommt an« oder ist sogar hochwillkommen? Solange man nicht sehr deutliche Signale setzt (und die kommunikativ weniger als wir, die Frauen, begabten Männer wissen mit sehr feinen Signalen oft nichts anzufangen), kann man nicht erwarten, daß irgend etwas geschieht. Uns allen bleibt der Mund oft genug zum falschen Zeitpunkt verschlossen. Ob er den Mut gefunden hätte, Hannas Schoß aufzubrechen, wenn sie klarer gezeigt hätte: ich finde dich inzwischen widerlich? Sie hat ihn offenbar viel zu spät verlassen. Sexuelle Wünsche mit einem »geh zu Deinen Nutten« zu beantworten, zeigt das ganze Ausmaß der Nichtverständigung an.

Eva und Walter, der »Chef«.

Das scheint also wirklich einer jener Fälle zu sein, wo der Mann auf ein bestimmtes »Muster Frau« fixiert ist, ein Muster, das ganz eng mit seinen Machtbedürfnissen zusammenhängt. In seinem Berufsbereich fühlt er sich sicher, potent, ist er der große Boß, der es sich leisten kann zu verführen, weil man ihm gehorchen muß. Alles andere ist weniger »spannend«. Er braucht den Reiz dieser Koppelung von »ich bin der Herrscher« und »Benutzung« einer Frau – denn viel mehr ist das nicht, um sein Ego ungestört über die Runden zu bringen. Was tun mit einem solchen Mann? Reden? Wird nicht viel nützen. Ertragen? Warum? Nein, das geht nur, wenn einem die Rolle, die er zuweist, genügt. Wenn diese Sekretärin freiwillig geht – Eva wird ihn umgekehrt wohl kaum von seiner Sekretärin loseisen können –, dann wird er die nächste wiederum aufs Kreuz legen. Eva kann sich vor Enttäuschungen weiterer Art nur wappnen, wenn sie erkennt: ich bin an einen Mann geraten, der mir ein eingeschränktes Leben ermöglicht (ich habe den Verdacht, daß sie ihr Wohlleben nicht mehr missen möchte noch vielleicht sogar missen kann). Irgendwie ist sie auch auf den »Mann fixiert«, macht sie dieses Denken in Mustern mit: irgendwo akzeptiert sie, bei all ihrer Intelligenz, die aus ihrer Interpretation seines Verhaltens spricht, daß »er« die erste Geige spielt. Sie ist nicht emanzipiert – das ist eine Feststellung, keine Diskriminierung.

Fazit:

Niemand verwandelt sich von heute auf morgen in einen Neurotiker, einen Langweiler, einen Brutalisten, einen – was auch immer. Es gibt immer Anzeichen und Vorzeichen. Wir sind nur zu satt, zu optimistisch, zu fixiert, zu selbstsicher, um sie zu sehen, zu erkennen, sie entsprechend ernstzunehmen, sie zu diskutieren und Vorsorge zu tragen, daß sie sich nicht zur Katastrophe auswachsen.

Und: vielleicht auch setzen wir »ihn« zu sehr auf ein Podest – oder richten wir unrealistische Erwartungen an ihn. Wenden wir uns einmal einer Frau wie Susanne zu.

Das Mann(s)-Bild auf dem Thron

Susanne, 28, wird von kaum jemandem älter als 24 geschätzt. Sie mißt 165 cm und wiegt 52 kg. Ihre Figur ist das, was man heute als knackig bezeichnet. Ihre Haare lang, kastanienbraun glänzend, sind immer, worauf sie peinlich achtet, frisch gewaschen. Die Augen haben ihr den Spitznamen »Aquamarinchen« eingebracht. Susanne kleidet sich zurückhaltend modisch. Nie etwas Billiges. Wollte man eine Heiratsanzeige für sie aufgeben, man wäre um einige Superlative nicht verlegen. Männer werden denn auch sehr schnell und heftig von ihr angezogen. Aber Susanne hat bisher nur Freunde gehabt – und ein Ehemann ist derzeit nicht in Sicht. Inzwischen bagatellisiert sie diesen Umstand. Das glaubt sie, ihrem Prestige als nicht erfolglose Berufsfrau schuldig zu sein. Allerdings: wenn das ihre wahre Einstellung wäre, hätte Susanne sich wohl nicht an mich gewandt und gefragt: Wie kommt's bloß?

Susanne erzählt mir einen »Einschlaftraum«, zwischen Wachen und Schlafen, den sie als Dreizehnjährige immer wieder entwickelte. »Damals«, so sagt sie, »lag die Zukunft vor mir wie ein großer bunter Regenbogen, über den ich leichtfüßig schritt – es war die Zeit, als ich Ballettänzerin werden wollte, mir überhaupt einbildete, es ließe sich alles schaffen, wenn nur ein bestimmtes liebevolles Augenpaar mir zusah ... Ich wollte immer geliebt werden. Vorbehaltlos, dauerhaft, hier, jetzt, morgen, übermorgen, bis ans Ende meiner Tage. Aber nun der Wachtraum: Ich wartete. Mit einer Tasche in der Hand, wie für eine Wochenendreise, nachts auf der Straße. Ein Lastwagen kam. Der sehr schweigsame Fahrer schlug die Ladeklappe zurück. Die Ladung war mir unbekannt. Lauter große Kisten. In der Mitte des Wagens war ein kleiner Raum frei gelassen. Ausgestattet mit ein paar Kissen und Decken, dazu ein Windlicht, ein Häufchen Bücher, ein paar Sandwiches, etwas zu trinken, lauter Sachen, die ich gern mochte. Dann setzte sich der Wagen in Bewegung. Ich aß, las, schlief ganz leicht, träumte in meinem Traum, hörte irgendwann verschwommene Stimmen der Zöllner, an denen vorbei man mich über irgendeine Grenze schmuggelte. Und dann endete die Fahrt. Ich wurde herausgeholt. ›Er‹ im weiten dunklen Mantel, den er sogleich auch um mich wickelte, hob mich heraus, schweigend. Ich wußte, ich war am Ziel, nun würde ein wundervolles Leben, im wahrsten Wortsinne, beginnen.«

Nachweislich hat Susanne nie etwas von der Courths-Mahler gelesen, aber was sie da vorstellte, war Trivialliteratur reinsten Wassers. Ein kitschiger und auch sehr kommuner Traum, in dem Susanne viel unterbrachte, was leicht durchschaubar ist: die Höhle, das uralte Symbol der Geborgenheit, die Fürsorge, die einen der Eigenverantwortung enthebt, das passive Transportiertwerden zu einem attraktiven Ziel, ein bißchen orale Verwöhnung, um das Ganze als Vorgang noch lustbetonter zu machen. Und Susannes noch ganz unreife Phantasie hütete sich, das Bild vom Manne, der diesen Zielpunkt darstellt, deutlicher zu zeichnen. Sie machte einen Bogen um die Einzelheiten des Miteinanders in der Wirklichkeit, die sie nur erschreckt und ernüchtert hätten. Sie phantasiert ihre Utopie nicht zu Ende, sie entwickelt keine konstruktiven und letztlich auch keine kreativen Vorstellungen. Natürlich kann man nun dagegenhalten: was, um alles in der Welt, soll denn ein Mädchen dieses Alters phantasieren? Wenn überhaupt rosablasse Träume, dann doch in dieser Lebensphase? Gewiß, zugestanden – wenn dies denn wirklich eine lebensphasisch bedingte Erscheinung bleibt.

Bei Susanne allerdings zeigte die spätere Entwicklung deutlich: sie blieb in dieser Art von Träumen hängen – und war auf diese Weise für die große Kränkung geradezu vorprogrammiert... Susanne fuhr fort, sich kleine, bunte Klischees zu machen, hübsche, griffige Verkürzungen der Wirklichkeit, und die Etiketten, die sie den Männern anklebte, fielen erst ab, wenn sie wieder einmal enttäuscht worden war. Dann merkte sie: ein Mann, von dem sie glaubte, er würde sie so zärtlich und gut behandeln, als wäre sie seine kleine Tochter, weigerte sich, Verantwortung für sie zu übernehmen. Ein anderer, der ihr Vertrauen erweckte, weil er seinen Hund äußerst liebevoll behandelte, sagte ihr eines Tages kühl: »Ach, weißt du, unsere Beziehung hat sich überlebt.«

Nicht daß wir uns mißverstehen. Susanne war durchaus nicht unselbständig; sie schmiß ihren nicht anspruchslosen Beruf, sie konnte mit ihrem Geld umgehen. Nie hätte ein Kellner in einem First-Class-Restaurant es gewagt, sie an einen Katzentisch zu setzen. Sie brauchte keinen Berater für ihre Garderobe, sie bereitete kunstvolle Mahlzeiten zu, eine Reifenpanne konnte sie nicht aus der Fassung bringen, kurzum, Susanne war eine tatkräftige, intelligente, lebenstüchtige Person, kein Seelchen. Oberflächliche Beobachter hielten sie für emanzipiert, und dennoch: sie setzte sich den Männern emotional auf den Schoß. Sie machte Überangebote, die sie nicht einlösen konnte, denn sie hatte Angst, die Männer könnten ihrerseits Angst vor ihr haben. So suggerierte sie ihnen ständig, daß sie für sich so gut wie nichts beanspruche: nur halt die totale Liebe und die absolute Konstanz der Gefühle. War das denn nicht selbstverständlich?

Susanne merkte nie, daß sie eine Art unbewußter Arroganz entwickelte. Sie hielt es einfach nicht für möglich, daß man mit ihr, dieser anpassungsfähigen, harmoniebereiten, stets verständnis- und hingebungsvollen Freundin, Konflikte haben könnte. Sie wurde zum perfekten Konfliktvermeider. Und hoffte unablässig, dafür entsprechend honoriert zu werden. Wenn das Honorar ausblieb, weil es viele Männer gibt, die überzeugt sind, daß Konflikte Ausdruck einer dynamischen Weiterentwicklung sind oder auch nur ganz schlicht unvermeidlich, dann litt sie selbstverständlich, stumm – und unverdrossen. Sie wurde immer wieder verlassen, von Männern, die sie selbst eigentlich hätte verlassen sollen, weil sie sie auffallend schlecht behandelten.

Aber sie gab nicht auf. Sie hatte, in eben jenem Alter, aus dem sie ihren Wachtraum mit ins Erwachsenendasein hinübergeschleppt hatte, in ihr Tagebuch geschrieben: »Ich möchte für einen anderen Menschen *den* Wert darstellen: unverwechselbar, unaustauschbar sein.« Susanne suchte stets nach dem Zustande emotionaler Perfektion, oder anders gesagt: nach einem statischen Ideal, auf dessen Verwirklichung sie, trotz mancher trüber Erfahrung, auch heute noch besteht.

Susanne gab sich nie aggressiv. Sie war eigentlich immer »lieb«, immer versöhnlich. Dennoch zog man ihr andere Frauen vor. Susanne war fassungslos. Tat sie nicht alles für einen Mann, was sie konnte? Gab sie nicht ständig mehr, als verlangt war? Sie hatte keine Launen, sie setzte sich nicht aufs hohe Roß. Wie sehr viele Frauen, auch solche, die charakterlich mit Susanne gar keine Ähnlichkeit haben, stellte sie sich die unausrottbare Frage, wenn eine Beziehung erlosch: Was habe ich denn falsch gemacht? An dieser Stelle ist zu fragen: ist denn diese Frage: »Was habe ich falsch gemacht?« nicht ihrerseits falsch gestellt? Sie ist es. Natürlich machen wir etwas falsch mit dem Partner, nur liegt dieses Falschmachen tiefer, als die Frage es anzielt. Wir fragen eigentlich immer danach, ob wir uns in irgendeiner Form falsch benommen, falsch gehandelt haben, aber nur selten nach den Einstellungen, die unserem Verhalten zugrundeliegen. Und eben dort liegt meistens der Hund begraben.

Wir bauen uns ein fiktives Manns-Bild auf und bestehen hartnäckig darauf, daß eben diese Vorstellung erfüllt werden müßte. Und wir haben den Stellenwert des Geliebtwerdens falsch plaziert – vorausgesetzt, daß wir vom Schlage einer Susanne sind, die selbstverständlich nicht repräsentativ für die gesamte weibliche Mentalität sein kann. Sie verkörpert mit einigen individuellen Varianten aber doch einen Typ, der nicht gerade selten ist – wir werden im folgenden noch reichlich Gelegenheit haben, uns mit anderen Spielarten zu beschäftigen, die die große Kränkung gerade auf sich ziehen. Aber bleiben wir vorerst bei Susanne. Woran könnte sie gescheitert sein?

1. Sie wollte geliebt werden. Natürlich: der legitimste Anspruch, den ein Mensch stellen kann. Wenn man nicht mehr geliebt wird, in irgendeiner Form, stirbt man wahrscheinlich eher als andere Menschen, die akzeptiert werden. Susanne aber meinte, sie mache sich besonders liebenswert, und übersah dabei, daß es einen objektiv verbindlichen Maßstab für das, was als »liebenswert« zu gelten hat, nicht gibt. Sie glaubte, was sie einbrachte, sei per se wertvoll, und saß dabei einem verbreiteten Vorurteil auf – wir kommen später darauf zurück.

2. Susanne war nicht eigentlich »offen« für das, was ihr begegnete. Sie suchte nach etwas Bestimmtem, nach etwas, das für sie eine Art »Innenbild« geworden war: den schützenden, gütigen, treuen Mann. Infolgedessen erkannte sie gar nicht oder zu spät, was ein Mann, der sich ihr zuwandte, wirklich zu geben hatte und wo seine Grenzen waren. Sie meinte, ihn durch ihre eigene Anpassung und die Zärtlichkeit, die sie ihm gab, in diese Rolle zwingen zu können.

3. Susanne, die so intelligent war und in ihren sachlichen Leistungen kaum jemals versagte, wandte diese ihre Intelligenz im Umgang mit Männern so gut wie nie an. Sie handelte vielmehr nach einer Art von unbewußtem Motto: »Viel Gefühl erzeugt viel Gefühl« und bemerkte nicht, daß derart quantitativ orientierte Vorstellungen in der Gefühlswelt jedenfalls keine Gültigkeit haben.

4. Weil sie so unbedingt auf dem »Positiven« bestand, was in ihrer Welt Konfliktlosigkeit bedeutete, war sie oft genötigt, ihre wahren Empfindungen gewissermaßen ins Positive umzufunktionieren, und damit verunsicherte sie ihre Partner. So sagte einmal einer ihrer Partner verzweifelt: »Susi ist immer so edel. Warum fährt sie nicht mal richtig aus der Haut? Sie gehört zu den Frauen, denen man praktisch alles bieten kann. Sie fordert einen geradezu heraus, sie zu betrügen. Ich mag nicht Frauen, die immer moderato sind. Furioso muß auch mal sein. Hab ich sie eigentlich geliebt? Ich weiß es nicht. Ich

weiß nur noch, daß sie mich am Ende ungeheuer angestrengt hat. Die ewig Verständnisvolle.«

Susi und ihr falsches Manns-Bild. Sie mag es nicht aufgeben, und deshalb muß sie irgendwie mit der Kränkung zurechtkommen. Eben das gelingt ihr nicht. Für sie gibt es jetzt (Klischee, Klischee) »die Männer mit ihren brutalen schwarzen Seelen, die nicht begreifen, welchen Edelstein sie beiseite geschleudert haben«.

Susanne hat also, deutlich erkennbar, die Liebe auf einen Thron gesetzt. Wenn ihr jedoch das Schicksal oder der Zufall, oder wie man auch die Mächte des Unberechenbaren erklären will, weniger ungut mitgespielt hätte – gemessen an ihren Bedürfnissen –, wenn ihr also der »Richtige« über den Weg gelaufen wäre, dann hätte sie vielleicht nie gemerkt, daß alle Throne zum Wackeln neigen und daß sie »ihren« Thron an einer besonders riskanten Stelle plaziert hat.

Lieber Leser, wenn Sie mir auf jeder Seite den stummen Vorwurf zu machen gedenken, daß wir alle eben diesem Zufall ausgeliefert seien und daß nicht alles machbar sei und dies sich so liest, als gäbe es Rezepte, am Zufall zu drehen, dann legen Sie dies Buch am besten gleich aus der Hand. Mir ist das alles wohlbekannt. Aber ich bin auch überzeugt, daß es zu sehr vielen sogenannten Zufällen Alternativen gibt, und eine dieser Alternativen heißt (um einen populären Buchtitel zu zitieren) »Es muß nicht immer Kaviar sein«. Das heißt noch lange nicht: unter sein Niveau gehen. Ein »Niveau« wird eben nicht durch eine glatte Ebene dargestellt, sondern wahrscheinlicher ist ein Wechsel von Höhen und Tiefen. Daran sollten wir denken, wenn wir diesen Begriff auf die Art unserer Ansprüche übertragen und anfangen, diese Ansprüche zu qualifizieren. Höhen und Tiefen können einander ausgleichen, so daß, aufs Ganze gesehen, eine Art mittleren Levels zustande kommt, auf dem man sich einrichten kann. Das soll kein Lobpreis der Mittelmäßigkeit sein, nur eine Warnung vor allzu hoch gespannten Erwartungen.

Susanne nämlich hatte an eines nicht gedacht: daß die exklusive Geschlechterliebe die fragilste unter allen vorstellbaren

Formen von Liebe ist. Bei Frauen rangiert zwar in der Skala ihrer Werte die Liebe sehr häufig am höchsten, bei den meisten Männern aber deutlich eben nicht: Sie werden einfach nicht dazu erzogen, sondern angehalten, sich mehr der Welt der Sachobjekte und den Geistesprodukten zuzuwenden. Bei nicht mehr und nicht weniger, aber anders trainierter Intelligenz und anders gepolter Gefühlswelt.

Männer sind wirklich anders. Zwar ist viel von den Veränderungen in der Mentalität der Geschlechter die Rede, aber offenbar ist schon die nächste »Welle« dran, wenn wir gerade noch damit beschäftigt sind, die letzte zu verkraften. Umfragen, die immer mit dem Pferdefuß behaftet sind, daß Sagen und Tun zweierlei ist, wollen uns glauben machen, die Männer zeigten inzwischen z. B. mehr »Gefühle«. Aber was für Gefühle? Etwa nur die von Frauen so heiß gewünschte Zärtlichkeit oder etwa nur in der Art und Weise, wie der schon zitierte Susanne-Partner sich »offen« gab: »Meine Emotionen sind nicht mehr auf dich gerichtet«? Sind die bärtigen und leicht nach Knobel duftenden Softies aus der WG wirklich die besseren Partner, nur weil sie in suspekten Selbsterfahrungsgruppen gelernt haben, »Gefühle« rauszulassen oder auch ihren Tränen des Selbstmitleids nicht zu wehren?

Augenblicklich scheinen sie eher »out«, aber wer weiß, wenn dieses Buch erscheint, sind sie möglicherweise schon wieder »in«. Die Medien fragen die Fachleute, die Fachleute orientieren sich bei anderen Fachleuten in den Medien, wo sie sich zuweilen um eine verdauliche Übersetzung ihres gewohnten Fachchinesisch so erfolgreich bemühen, daß sie bei ihren Kollegen endlich einmal ambivalente Gefühle wecken und nicht nur eindeutig schwarz negative.

Als Psycho-Fachfrau schwinge ich mich jetzt kühn zur Autorität auf. Zwar hat ein Schriftsteller einmal gesagt (sein Name ist mir entfallen, aber vielleicht belehrt mich ein freundlicher Leserbrief): Manche Menschen nennen das, was sie ihr Leben lang falsch gemacht haben, ihre Erfahrungen. Die Verführung, sich über einen solchen zweifellos richtigen Satz einfach hinwegzusetzen, ist groß, besonders wenn man weiß, das Manuskript, das du jetzt schreibst, ist ja bereits so gut wie angenommen.

Ich arbeite jetzt also mit einigen Typen und ordinären Klischees, aber ich verspreche zu versuchen, dies so wenig vergröbernd wie bei einer solchen Vorgehensweise nur möglich, in Worte zu fassen:

Manchmal sucht man nach einem Slogan, um auf ein auffälliges Merkmal besonders plakativ hinzuweisen. So z. B. in den 50er Jahren Helmut Schelsky, der große verstorbene Soziologe, mit seinem damals vielbeachteten Buch: »Die skeptische Generation.« Wollte man gleichermaßen einen Slogan für das männliche Geschlecht suchen (wobei es natürlich keinen geben kann, der alle Köstlichkeiten abdeckt, welche die Männer zu bieten haben), so würde wohl niemand auf die Idee kommen, sie das »liebesfähige Geschlecht« zu nennen. Damit soll »den Männern« »Liebesfähigkeit« schlechthin nicht schlichtweg abgesprochen werden. Es ist nur eben nicht jene, die das Leben einer Frau mit dauerhaftem, unverbrauchbarem Glanz bestrahlt. Männer können sehr wohl lieben, eine Zeitlang auch zuvörderst eine Frau, aber dieselbe liegt doch so häufig im Konkurrenzkampf mit den wie immer auch beschaffenen Spielwiesen und Sandkästen der Männer, daß Madame wirklich gut daran zu tun scheint, sich die Illusion abzuschminken, sie bekleide den Posten einer First Lady auf Lebenszeit. Etwas ernsthafter gesagt: das Gros der Frauen scheint die Liebesfähigkeit von Männern und insbesondere ihrer speziellen Partner eher zu über- als zu unterschätzen.

Maxie (kein Einzelfall), 40, sagte mir neulich: »Ich habe fünfzehn Jahre gebraucht, um zu erkennen: erst kommt er selbst, Alexander (nomen est omen paßt hier haarscharf), dann seine Kinder, weil sie ›spuren‹, und dann erst ich. Wobei ich manchmal im Zweifel bin, ob nicht der Hund noch vor mir rangiert – in manchen Augenblicken bestimmt.« Maxie übertreibt ganz sicher, aber wer tut das nicht, der von einem Gipfel hoher Erwartungen nach und nach immer tiefer heruntergerutscht ist? Wenn man Maxie hört, klingt ihre Übertreibung aber auch leidlich humorvoll – und damit ist Maxie bereits zum größten Teil »gerettet«. Sie hat in der Tat eine Art Rezept entdeckt, das nachzuahmen sich lohnt: das lachende und das weinende Auge – oder umgekehrt. Indessen, wie man an ihrer Bemerkung sieht: es geht in der Regel nicht schnell, bis man die richtige Mischung für das Gelingen dieses Rezeptes gefunden hat. Maxie fügte übrigens noch hinzu: »Warum sollten sie sich uns zuliebe auch ändern. Wir sind ja im Grunde ebensowenig dazu bereit. Sich zu ändern ist wohl das Anstrengendste, was man von einem Menschen verlangen kann. Also muß man den Graben, der uns trennt, so schmal wie möglich halten.« Maxie also hat, im Gegensatz zu Susanne, die Liebe nicht auf den Thron gesetzt, sie besteht auch nicht auf Kaviar; sie akzeptiert ihr Schwarzbrot mit Schinken, und ab und zu ergötzt sie sich daran, daß es ein Schokoladeneis obendrauf gibt. Sie ist nicht, wie man denken könnte, eine anspruchslose Durchschnittlerin. Sie kann es an Format mit Susanne durchaus aufnehmen. Aber zugleich ist sie ihr »über«, weil sie sich selbst nicht mit unrealistischen Hoffnungen blockiert und an der Wirklichkeit nur so weit dreht, wie deren Elastizität oder Starre dies zuläßt.

Von Maxie hören wir nichts über die Treue. Wir fragen sie. Sie sagt: »Ich kann mich dazu erst äußern, wenn ›die Situation‹ da ist. Leider kann ich nicht vorhersagen, wie ich mich verhalten würde. Ich würde wahrscheinlich versuchen, fair zu sein, aber weiß man's? Vielleicht werde ich auch zur Furie.«

Susanne hingegen, gebranntes Kind, das sie ist, fürchtet sich inständig vor der nächsten »Treue-Panne«. Und sie fragt ganz ernsthaft:

Ist die Treue ein leerer Wahn?

»Homo homini lupus?!« Mit diesem bitteren Wort hat Freud einmal in seinem »Das Unbehagen an der Kultur« unsere vielgerühmte Disposition zur Mitmenschlichkeit entlarvt: Viel eher sei der Mensch geneigt, sich dem Mitmenschen gegenüber wölfisch zu verhalten, ihn, symbolisch gesagt, zu zerfleischen, als ihm zu helfen, ihn zu trösten, ihn zu stützen.

»Liebe Susanne«, hab ich ihr geschrieben, »Du willst den uralten Konflikt zwischen Sein und Sollen wieder einmal nicht wahrhaben. Geübter Konfliktvermeider Du – Du kannst nicht alles herausfiltern, was Dir Angst macht. Das weißeste Weiß Deines Lebens wirst Du in diesen Bezirken nicht finden. Überlegen wir doch einmal, in welcher Form sich Treue z. B. anbieten kann – und ob Du sie in dieser Gestalt wirklich willst. Ich glaube, nicht.

Ich denke an Ulrich. Aufregung, Begehren, unerlaubte Wünsche? Gibt's nicht, viel zu anstrengend. Er bleibt da, wo er ist. Selbst der dümmste Hund liebt seinen Freßnapf (türkisches Sprichwort). Seine Ehefrau hat wenig damit zu tun; er wird sie nie betrügen. Allerdings strengt er sich auch sonst nicht gern an. Er bleibt in seinem Beruf ein blasses Bild. Seine Interessen waren immer schon ganz allgemein etwas dünn, und sie schrumpfen im Lauf der Jahre ersichtlich. So wie er andere Frauen nicht beachtet, nimmt er auch seine eigene allmählich immer weniger wahr. Eines Tages könnte sie mit zwei Nasen im Gesicht an den Frühstückstisch kommen – er würde es wahrscheinlich nicht bemerken. Im Bett kann sie sich auf ihn verlassen: er braucht das für seine Gesundheit. Wehe, sie fängt einmal von selbst an, aus Sehnsucht: er hat dienstags und freitags dafür vorgesehen.

Thomas dagegen ist ›prinzipiell‹. Wundervoll, sollte man denken, ein charakterfester Mann, was will man mehr? Thomas ist eher tatkräftig und gelegentlich aggressiv. Was er tut, tut er ganz, und er weiß stets: es ist das Richtige. Er hat seine Frau geheiratet, weil er seinen Besitz vermehren wollte (dies Motiv ist ihm indes selbst verborgen geblieben). ›Sie‹ darf sogar berufstätig sein, aber bitte, der Haushalt darf nicht darunter leiden, und die Kinder, die sie ›ihm‹ geboren hat, werden höchstens von der Oma betreut, wenn es mal gar nicht anders geht. Tagesmutter? Perverse Idee. Ständig teilt er ihr mehr oder weniger expressiv verbissen mit: ›Du wirst es schon schaffen (das Wort ‚wir' taucht in seinem Wortschatz nur gelegentlich auf), schließlich bist du ja jung, gesund und kräftig.‹

Er würde gar nicht verstehen, daß man Angst um ihn haben könnte. Er wird sich nicht selbst untreu – nein, er nicht. Eine Nebenfrau kostet doch nur Nervenkraft, Zeit und Geld. Außerdem weiß die Seine doch hoffentlich, was sie an ihm hat und wird es honorieren, z. B. indem sie seine geheimsten Wünsche erfüllt. Die sind zwar nicht ganz diskussionsfähig, würde mancher meinen, und manchmal auch mit einem gehörigen Schuß Rücksichtslosigkeit gewürzt, und man fragt sich, wieso dieser puritanische Mann so unverfroren die ihm Angetraute zu seinem Lustobjekt macht – falls man noch nicht erkannt hat, daß gerade dies häufig die Kehrseite der Medaille ist. Die Frauen, die sich bemühen, einen Paragraphen gegen die Vergewaltigung in der Ehe zu schaffen, wissen, was gemeint ist.

Wäre Dir solche Treue recht? Ich denke, nicht. Oder, würde Dir der hochbegabte Wissenschaftler Hans Georg gefallen, der ›Ich habe Wichtigeres zu tun‹-Mann? Wenn der nach Mitternacht nach Hause kommt, hat er nicht mit seiner attraktiven Assistentin geschlafen, sondern er hat es im Institut eben ruhiger, und außerdem die Bibliothek gleich nebenan. Sie kann ja schließlich abends ihre eigenen beruflichen Ambitionen ausbauen oder stricken oder fernsehen oder mit Freundinnen telefonieren. Meinetwegen auch in einen Emanzenklub gehen, wenn's denn sein muß. Wenn seine Frau zu einem Kaffeenachmittag zu anderen Professorengattinnen geht (glaub ja nicht, dergleichen sei ausgestorben oder vom Wind der Roaring Sixties weggeblasen), spricht sie über seine Arbeit haargenau wie die anderen auch: mit einer Mischung aus Stolz, Bewunderung – und Resignation oder Aggression, je nach Mentalität oder Temperament. Lachfältchen sind es nicht, die ihr Gesicht vorzeitig älter gemacht haben, und sie sieht auch nicht aus wie eine gut geliebte Frau – Du weißt, was ich meine. Eine andere wird ihn nicht auch nur vorübergehend wegnehmen, dafür hat der workoholic, den sie geheiratet hat, gar keine Zeit.

Wir brauchen uns nicht nur in die wissenschaftlichen Sandkästen zu begeben, um solche Männer zu finden: es gibt sie bei denen, die Pakete abfertigen, Luftgepäck verladen, Menüs servieren, die einen Traktor fahren, schreinern, politisieren, Fernsehspiele schreiben, Hauswände oder die Geige streichen, usw. usw. Arme Monomanen ihrer wichtigen Geschäfte, nie ohne den Streß (sprich [Akten-]Koffer) im täglichen Gepäck, ob sie ihn nun wirklich tragen oder nur symbolisch.

Sagst Du jetzt: ‚Liebe Elisabeth, du spinnst dir da aber ganz schön was zusammen'? Meine Liebe, ich habe die vielen Facetten, mit denen solche Fälle traurig brillieren, natürlich auf einige wenige zusammengestrichen, aber glaube mir, mir fallen sie förmlich vor die Füße, und ich brauche in dieser Beziehung also meine Phantasie nicht im geringsten zu strapazieren.

Und so wünsche ich Dir von Herzen (möge der Zufall Dir gnädig sein, und dann danke es ihm, indem Du wirklich aufmerkst und ›ihm‹ nicht wieder Deine Traumrolle zuschiebst), daß Du auf einen Mann wie Christian triffst, der schon früh angefangen hat, in seiner ersten Beziehung über Treue zu reflektieren, sie nicht stumpf und gedankenlos aus Herzensträgheit zu praktizieren, der vielmehr heute noch gemeinsam mit seiner Partnerin durchdenkt, was Treue bedeutet. Er ist im wahrsten Sinne des Wortes ›offen‹, wenn denn der Mensch eben nicht das festgelegte, das rigide Lebewesen ist, sondern das einzige, das den Anmutungserlebnissen und Aufforderungscharakteren der Umwelt ausgesetzt ist – ein Leben lang.

Christian hat den Willen zur Treue, und er weiß, daß dieser Wille ständig auf die Probe gestellt werden wird. Er ist in seinem Normensystem aber nicht blind an dem orientiert, was schon seine Altvorderen gelehrt haben. Er weiß, daß ›Gewissen haben‹ einen ständigen Kampf bedeutet, der immer wieder neu geführt werden muß. Er und seine Frau haben bereits erfahren: ein Erdbeben ist noch kein Weltuntergang. Scherben lassen sich aufsammeln, und man kann gemeinsam sehen, was man mit ihnen anfängt. Die beiden liefern sich nicht dumpfen Gefühlen aus; sie arbeiten ernsthaft daran, ›kluge Gefühle‹ zu haben, wie Alexander Mitscherlich das einmal genannt hat: Gefühle, die sich in die Bereiche des Bewußtseins, der Reflexion hinaufheben lassen. Die beiden können auch ihre Situation analysieren, ohne sie zu zerreden und ohne sie in endloser Selbstbespiegelung ihres Sinnes zu entleeren. Ein Paar aus dem Bilderbuch? Keineswegs – Leute, bei denen es gar nicht so selten kracht. Aber sie haben gelernt, daß Loyalität und Solidarität wichtiger sind als die gedankenlose Langeweile der nie bedrohten Treue.

Verpaß über Deinen Idealen nicht den Menschen, Susanne, der bereits weiß oder wenigstens gedanklich erfaßt hat, daß Treue Arbeit bedeutet, die zu leisten wir uns täglich neu entschließen müssen. Nichts davon fällt uns in den Schoß, wenn wir lebendige Menschen bleiben und nicht als stumpfe Gewohnheitstiere dahindämmern wollen.«

Flirt oder Betrug?

Betrug: das heißt arglistige Täuschung. Sagt Sybille. Sie ist entsetzt, als ich sie ganz ruhig frage: »Dann ist Betrug in der Partnerschaft ja auch strafwürdig?« Sie ereifert sich: »Betrug ist eine abgrundtiefe Gemeinheit!« Ich erkundige mich, was eigentlich sie Betrug nennt. »Jede Form der Unehrlichkeit«, sagt sie, »so fängt es schon mal an. Es ist schon unehrlich, wenn er mit einer anderen Frau auch nur flirtet, wenn ich dabei bin.« »Und wenn Sie nicht dabei sind?« »Noch schlimmer.« »Flirten Sie selbst denn nie, Sybille?« »Doch, natürlich.« »Wieso natürlich?« »Na ja, ich fange ja nie damit an – das tun die Männer. Und dann wäre es doch unhöflich, nicht zu reagieren. Und außerdem: ich würde nie weitermachen. Ein Abend – vorbei. Und schon gar nicht würde ich Ernst machen. Das weiß Gerd ganz genau. Während ich mir umgekehrt nicht sicher bin.« »Liegt das an Ihnen, Sybille, oder an der Art, wie Gerd flirtet?« »Es liegt einfach daran, daß ich ständig Angst habe, eine andere könnte zwischen uns kommen. Gerd sieht so unheimlich gut aus.« »Meinen Sie wirklich, daß das eine so große Rolle spielt?«

Nun gut, ich will dies lange Gespräch mit Sybille nicht unnötig strapazieren, nur noch Gerd zu Worte kommen lassen, der – wie konnte es auch anders sein – dieses vermeintliche Problem ganz anders sah.

»Ich bin ein Mensch«, sagt er, »warum sollte mich eine ansprechende Frau nicht beeindrucken? Ich fange ganz unwillkürlich an zu lächeln, wenn ich in Gesellschaft bin und die Gelegenheit besteht, miteinander in Kontakt zu kommen. Die Frauen reagieren. Man kommt ins Gespräch, ich sage ihr etwas Nettes, sie blüht auf, ich schaue sie an, sie mich, ich denke, was sie wohl darüber denkt, wenn wir ... Ich sehe ihr an, daß sie dasselbe denkt, man spielt hin und her mit etwas gewagten Worten. Kurzum, was soll ich das lange beschreiben. Es ist der altbekannte Vorgang, mit dem ich Ihnen wohl wirklich nichts Neues sage. Warum aber kann Sybille das nicht tolerieren?«

Die Antwort ist nicht schwer zu geben: Sybille gehört zu den Leuten, die gleichsam mit Kanonenkugeln auf Spatzen schießen. Sie zittert um ihren Mann, weil sie ihren Mann als persönlichen Besitz betrachtet. Und weil sie Vorurteile hat: ein gutaussehender Mann sei besonders gefährdet, zur Beute abenteuerlustiger Frauen zu werden. Ich diskutiere mit Sybille, wie viele häßliche Männer es in der Weltgeschichte gegeben hat, die unerhörte Erfolge bei Frauen aufzuweisen hatten und denen ganz etwas anderes Attraktivität verliehen hat: Geld, Macht, Intelligenz, Selbstsicherheit, Charme, Charisma (welch letzteres nur unvollkommen als Ausstrahlung übersetzt wird). Sie kann ihren Mann nicht unter eine Glasglocke setzen, wie sie das, allem Anschein nach, am liebsten tun würde. Flirt allein beweist noch nicht den Willen zum Betrug. Fragen wir uns doch mal, was Flirt eigentlich heißt, bedeutet, was für Motive er signalisiert.

Im Flirt stecken die Elemente Unverbindlichkeit und Spiel. Flirt erhält seinen Reiz gerade durch die Tatsache, daß er keine ernsthafte Steigerung in die Verbindlichkeit anstrebt, sondern wirklich reines Spiel ist, eine der liebenswertesten Formen des Umganges mit der Welt, über die Menschen verfügen. Im Flirt ist zweifellos etwas von jenem spielerischen Imponiergehabe enthalten, das zeigen soll: hier ist jemand, der sich interessiert, der dich begehrenswert findet, ohne daß er dich *wirklich* begehrt, der dir ein Angebot an Zuwendung macht, wobei er erwartet, daß du es nicht wirklich beanspruchen wirst. Man nimmt, ganz gleich, wer nun anfängt, den anderen in seiner

Geschlechtsrolle wahr und läßt ihn fühlen, daß man sich an dieser Rolle erfreut, weil sie sich in angenehmster Weise präsentiert. Man macht einfach dem anderen das Kompliment: du bist jemand, mit dem ich auch verbindlicher kommunizieren würde, wenn nicht dieser Platz, wo ich Verbindlichkeiten eingehe, bereits besetzt wäre. Aber wir sind beide reif genug, nicht zu weit zu gehen und uns nicht auf ein wirklich gefährliches Spiel mit dem Feuer einzulassen. (Daß in sehr vielen Fällen der Flirt eben jene Grenze nicht einhält, steht auf einem anderen Blatt.) Hier und jetzt geht es nur darum, ob es für Sybille unzumutbar ist, daß Gerd in voller Anerkennung dieser Grenze charmant zu anderen Frauen ist, wobei die Beobachtung zeigte, daß er dies durchaus mit Geschmack tat und nicht in jenes ebenso alberne wie plumpe gockelhafte Gebaren verfiel, das manche Männer nicht unwiderstehlich, sondern unausstehlich macht.

Ellinor erzählt uns dazu eine Geschichte, die ihr Freund genauso schön fand wie sie: »Ich war allein auf einem Kongreß in Paris, fuhr in der Metro. Ein lesender Mann ließ seine Zeitung sinken und sah mich an, durchdringend, ernst, dann sehr weich und zärtlich. Er nahm dann wieder die Zeitung zur Hand, legte sie aber nach kurzer Zeit wieder auf seine Knie. Er sah mich an, ich blickte aus dem Fenster. Ein paarmal schien es mir, als würde er anfangen zu sprechen, aber er schwieg dann doch, ohne Lächeln, ganz ernst. Wir erhoben uns gleichzeitig und gingen ein paar Schritte nebeneinander. Doch dann trennten sich unsere Wege. Wir zögerten. Aber dann standen wir da, durch die Gleise getrennt und sahen uns an. Sein Zug kam als erster. Er stieg ein, trat ans Fenster, hob grüßend die Hand und machte eine bedauernde Geste. Manchmal, wenn ich denke, es gibt keinen Menschen auf der Welt, der bereit ist, meine Träume mitzuträumen, dann kommt mir dieser Unbekannte in den Sinn und wie es mit ihm weitergegangen wäre, wenn wir den Mut zu einem Gespräch gehabt hätten. Ich erzählte Helmut davon, und er reagierte ganz bezaubernd. Er sagte nämlich: ›Ich kann dich sehr gut verstehen. Auch ich habe schon solch einen ganz zarten Flirt mit fremden Frauen erlebt. Man weiß, es ist sinnlos und gefährlich weiterzugehen, und man tut es auch nicht. Aber es gibt einem ein ganz merkwürdiges Glücksgefühl.‹

Sybille wird uns entgegenhalten: ja, Fremde, verweht, vorbei, vergessen – meinetwegen. Aber ganz konkret vorhandene Frauen und unter meinen Augen? Sybille, je mehr Mißtrauen und Kontrollfunktionen Du produzierst, wenn Du also fortfährst, schweres Geschütz aufzufahren, desto mehr vergrößerst Du Deine Chancen, Dir die große Kränkung zuzuziehen. Dein Mann hat Dir erklärt, wie er's meint, laß es dabei bewenden. Warum müssen wir immer irgendwelche Zügel schwingen? Wenn er sich selbst zügeln kann, hast Du das nicht nötig – kann er es nicht, wird das stärkste Überwachungssystem ihn nicht ändern.

Monika, eine temperamentvolle Dreißigerin, hat ein solches System entwickelt.

Mißtrauen – bittere Frucht?
Oder: Hauptsache: aufrichtig

Manche Leute pochen auf ein gerüttelt Maß schlechter Erfahrungen, um ihr notorisches Mißtrauen in der Ehe zu rechtfertigen. »Bringen Sie mir Beispiele«, sagte ich zu Monika, die sich gegen den Vorwurf ihres Mannes verteidigt, sie habe ihm schon von Anfang an nachspioniert und dabei förmlich kriminalpolizeiliche Fähigkeiten an den Tag gelegt. Aber Monika kann keine aktuellen Beispiele bringen. Erst als wir auf ihre Vergangenheit zu sprechen kommen, läßt sich ihre Haltung besser erklären: Monika entstammt einer Zank- und Streitehe, die Eltern ließen sich scheiden. Die damals 11jährige litt schwer und wollte dauerhaft weder bei dem einen noch dem anderen Elternteil leben. Sie entsinnt sich, daß sie starrsinnig, wenn man sie fragte, immer wieder sagte: »Ihr sollt zusammenbleiben.« Was die Eltern natürlich (!) nicht umstimmen konnte. Heute, als Erwachsene, fällt es Monika schwer zu glauben, daß man sie *nicht* verlassen wird. Es kommen noch mehr Kindheitserfahrungen ans Tageslicht. Da reagierte sich die emotional deutlich schwer überforderte Mutter an dem Kind ab: »Du warst nicht lieb. Jetzt rede ich nicht mehr mit dir.« Und blieb auch unversöhnlich, als das Kind ankam: »Ich will wieder gut sein.« Wies es unwirsch ab, wenn es schmusen wollte, oder forderte es nachdrücklich zu Zärtlichkeiten auf, wenngleich mit einem Gesichtsausdruck, der zu sagen schien: »Wehe, du kommst mir aber *zu* nahe!«

Monikas Angst vor Verlust hat sich tief eingefressen. Es ist nicht ausgeschlossen, daß ihr Partner eines Tages erklärt, mit diesem ewigen Mißtrauen kann ich nicht mehr leben. Sie ist für die »große Kränkung« prädisponiert. In unserem Gespräch wird ihr zwar einiges davon deutlich, aber noch verteidigt sie sich. Sie spricht vom »gesunden Mißtrauen«, ob wir bestreiten wollten, daß es das gebe – und ob es nicht berechtigt sei? Wir bestreiten das nicht. Aber ich wehre mich gegen diese unschöne Bezeichnung. Wir sprechen über die gebotene Nüchternheit, mit der man die menschliche Fähigkeit zur Beständigkeit, zur immerwährenden toleranten und gütigen Zuwendung, zum beständigen Durchhalten, zur Konsequenz, von sich absehen und uneigennützig sein zu können, zum Verzicht usw. einschätzen sollte – all diese wünschenswerten Haltungen überstrapazieren wir alle ja mit unserem Anspruch nur allzu leicht. Wir kommen überein, daß es eher notwendig ist, unsere Ansprüche herunterzuschrauben, als auf ihre Erfüllung zu bestehen. Es gibt, so sagen wir, eine Form des »Nicht-Mißtrauens« (lange reden wir darüber, ob das Gegenstück zu Mißtrauen ohne weiteres Vertrauen genannt werden darf und kommen zu dem Schluß, daß wir den Begriff »Vertrauen« nicht zu leicht nehmen dürfen und daß er sicher nicht identisch ist mit »Glauben«). Nicht-Mißtrauen kann also unrealistische Naivität sein. Dazu soll Monika nicht bekehrt werden. Dieses »gesunde Mißtrauen« also funktionieren wir um in eine realistische Einsicht in die Unvollkommenheit aller partnerschaftlichen Interaktionen.

Monika läßt Bereitschaft erkennen, ihre Überwachungs- und Kontrolltätigkeit einzustellen. Sie wird z. B. nicht mehr im Büro anrufen, um zu erfahren, wann ihr Mann weggegangen ist, und nicht mehr die gefahrene Tageskilometerzahl am Tacho seines Autos ablesen und nicht die Telefonnummer ohne Namen anrufen, die sie in seinem Notizbuch gefunden hat. Aber in einem ist sie vorerst unerbittlich: »Das Wichtigste ist Aufrichtigkeit. Warum kann er mir nicht alles sagen? Das ist doch das wenigste, was man verlangen kann. Wir haben uns das am Anfang unserer Ehe geschworen: wir wollen immer ehrlich zueinander sein.« Monika geht noch weiter: »Ich kann alles hören und ertragen, wenn man mich nur nicht belügt.«

Wolfgang macht die Probe aufs Exempel. Er kommt zwei Stunden später als üblich nach Hause. Er hat aus einem Restaurant angerufen und seine Verspätung angekündigt, aber nicht gesagt, mit wem er zu Abend ißt. Er kommt lächelnd, angeregt, strahlender Laune nach Hause. Es entspinnt sich folgender Dialog: Monika (aufgeregt): »Warum wolltest du mir denn nicht sagen, mit wem du essen warst?« Wolfgang: »Hätte mir nicht geschmeckt, wenn ich deine Reaktion gehört hätte.« Monika: »Also eine Frau. Wer von deinen zahlreichen Weibern im Amt?« Wolfgang (sehr ruhig): »Frau B.« Monika (mit hoher schriller Stimme): »Was will *die* denn von dir? Und mich läßt du hier sitzen und meine Schinkenstulle futtern. Weißt du, wann wir zum letzten Male essen waren?« Wolfgang: »Was hat das damit zu tun, daß ich mit Frau B. eine vertrauliche Besprechung über verschiedene Vorgänge haben mußte und das entspannter beim Abendessen tun wollte? Würdest du dich genauso haben, wenn ich mit meinem Kollegen C. gegessen hätte?« Monika: »Nein, natürlich nicht, ich nehme ja auch nicht an, daß du mit dem ins Bett willst!« Wolfgang: »Wer sagt dir, daß ich mit Frau B. ins Bett will?« Monika: »– Weil du, wenn du von ihr sprichst, direkt einen zärtlichen Ton in die Stimme kriegst!« Wolfgang: »Sie ist auch eine sehr gescheite, sympathische und attraktive Person.« Monika: »Na also.« Wolfgang (träumerisch): »Ich kenne eine Frau, die immer wieder sagt, sie könne jede Wahrheit vertragen, es müsse nur eben die Wahrheit sein ...«

Ein banaler Dialog? Sicherlich. Aber so oder ähnlich spielt sich dergleichen täglich in Tausenden von Ehen oder Partnerschaften ab. Die Ehrlichkeit über alles ist verlangt – und bekommt man sie zu spüren, erschrickt man, ist gekränkt, eifersüchtig, findet den anderen grausam (einem so was ins Gesicht zu sagen!). Wolfgang wird mit Sicherheit beim nächsten Mal Herrn C. vorschieben und prompt Mißtrauen ernten, was dann ja auch berechtigt ist. Dieses selbsterzeugte Mißtrauen vergiftet jede Beziehung.

Warum kann Monika nicht ganz ruhig sagen: »Ja, finde ich auch viel netter, etwas beim Essen zu bequatschen – und, wenn sie so nett ist, Meyers kommen am Samstag, meinst du, wir sollten sie dazubitten?« Es schadet sicher nichts, wenn Monika den Hintergedanken dabei hätte: also, wenn da was ist, dann werde ich schon Gelegenheit haben, meine Beobachtungen zu machen. Denn vielleicht hat Wolfgang ja wirklich schwarze Absichten mit dieser Einladung verbunden. Aber: hilft das weiter? Wenn Wolfgang, wie Monika fürchtet, wirklich mit ihr ins Bett will, wird er das erreichen und tun, ob Frau B. nun in seinem Haus zu Gast war oder nicht. Es nützt auch nichts, wenn die Gäste weg sind, Frau B. mehr oder weniger gekonnt schlecht zu machen: »Schade, daß diese sonst so hübsche Frau so gräßliche Wurstfinger hat... Wenn sie 10 Kilo weniger hätte, dann wäre sie vielleicht eine elegante Person. Aber die X-Beine gehen davon natürlich nicht weg... Für ihre 35 Jahre hat sie aber wirklich schon einen auffallend alten Hals. Ich könnte ihr mal eine gute Creme empfehlen, so ist das ja nicht anzusehen...« Wenn Wolfgang Frau B. ins Auge gefaßt hat, dann hat sie süße mollige Händchen, die X-Beine findet er lasziv-sexy, und klapperdürre Frauen hat er noch nie gemocht. Auf den Hals guckt er gar nicht erst, das ist für ihn kein wichtiger Körperteil. Also keine Hoffnung, liebe Monika: die »andere Frau« schlecht zu machen, hat noch nie was gebracht. Sag irgendwann, wie Du Frau B. findest. Mach aus Deinem Herzen trotzdem keine Mördergrube. Sag, daß sie Dich nicht sonderlich interessiert... Sag, daß sie ja attraktiv und sonst was alles sein mag, aber daß sie eben ihre Vorzüge und Schwächen haben dürfte, wie jeder andere auch. Sag es unterkühlt. Demonstriere in ihrer Gegenwart nicht die glückliche Besitzerin, sei nicht nekkisch zu ihm, mach ihn nicht an, leg ihm nicht die Hand auf die Schulter, sie würde es nur lächerlich finden.

Die schwarze Sucht

Wer ohne Gemütsbewegung – ohne jede denkbare Form einer solchen beobachten kann, wie jemand anders beginnt, in des Partners Herzen Wurzeln zu schlagen, der liebt diesen Partner entweder nur begrenzt – oder er hat ein sehr dickes Fell oder er liebt ihn über alle Maßen und will selbstlos nur dessen Glück – oder er hat ein äußerst stabiles Selbstgefühl, was mit dem »dicken Fell« sicher nicht identisch ist.

Der große statistische Durchschnitt dürfte leicht bis intensiver eifersüchtig werden, wenn er Grund hat, seine eigene Position als bedroht anzusehen – was noch nicht »gefährdet« heißt.

Wieso denn auch nicht? Wir werden ja geradezu zu der Einstellung erzogen: einmal gewählt sein – für immer gewählt sein. Niemand, und auch der sich aufs äußerste liberalisiert Wähnende (was immer man darunter verstehen mag), denkt etwa bei der Trauung schon an die Möglichkeit der Scheidung. Gewiß, rational speichert man dergleichen als Beruhigungspille gegen potentielle Katastrophen gleichsam im Hinterkopf. Aber da bleibt es dann auch.

Und wer ohne Trauschein zusammengeht, orientiert sich vielfach am materiellen Aspekt der Sache und fragt sich (aber auch dies nur passager): wie kriegen wir wohl nachher unsere Klamotten auseinander? Aber einen besonderen Stellenwert nehmen solche Überlegungen meistens auch nicht ein. Irgendwie findet man dabei den Gedanken beruhigend: ich habe ja einen Koffer im Abstellraum, und den brauche ich bloß zu packen, wenn ich's satt habe. In Wirklichkeit liegen, wie jeder weiß und jeder verdrängt, die Dinge auch bei den Ehen auf Zeit oder auf Probe so simpel nicht. In Wirklichkeit sammelt sich ganz hübsch was an: an Verpflichtungen, an gemeinsamem Kram der zusammengeschmissenen Menagen, und viele Gerichtsurteile bestätigen bereits, wie schwer es ist, mit Anstand und ohne zu große gegenseitige Einbußen auseinanderzukommen aus einer scheinbar so »freien« Vereinbarung, wie das staatlich nicht sanktionierte Zusammenleben sie darstellt.

Die Wirklichkeit, die seelische Wirklichkeit – und die ist allemal die stärkere als jedes »Abkommen«, jede »Verabredung«, sieht indessen sehr häufig ganz anders aus, und zwar so: Wir wünschen uns die wenigstens relative Konstanz des Verhaltens. In der Abwechslung suchen wir immer noch die Dauer. Die Freiheit, die Ungebundenheit, die Flexibilität und die Liberalität: sie sollen nicht so weit gehen, daß jemand uns aus heiterem Himmel (war er wirklich so heiter?, fragen wir uns oft leider zu spät) Knall und Fall verläßt. Auch aus wolkenverhangenem Himmel heraus, gut: just dieses wünschen wir uns *nicht*.

Machen wir uns also nichts vor: vieles wird da ganz oberflächlich programmatisch dahergeredet. Da verkündet ein Paar z. B. selbstbewußt: In unserer Generation (beide um die 30) ist Heirat ja eigentlich nicht mehr die Regel. Und vier Wochen später knien sie strahlend (er im Samtanzug, sie im weißen klassischen Brautkleid mit Kopfputz) nebeneinander auf den Altarstufen und schwören einander ewige Treue. So beginnt man denn eben immer noch und trotz bewußt vorgetragenen ehefeindlichen Zusammenlebens unverdrossen das legale Leben zu zweit: voller Begeisterung, voller rational zwar durchleuchteter, aber deshalb noch lange nicht weggepusteter Illusionen, voller Vertrauen und voller Hoffnung, daß dieses Leben glücklich macht.

Man braucht sich nur einmal die Heiratswünsche in Zeitungen anzusehen, wie sie insbesondere von der Klasse der »Intellektuellen« favorisiert werden, dann wird man auf eine Fülle schönfärberischer und illusionärer Projektionen stoßen, mit denen diese Kontaktwünsche sich präsentieren. Da wird verniedlicht, daß man mit Ansprüchen und Partnerwahl bereits auf den Bauch gefallen ist: wer schreibt schon, er sei geschieden? Nein, er (sie) ist »eheerfahren«. Verwitwete Leute geben dies demgegenüber ganz offen zu: warum auch nicht? So fragwürdig die Ehe gewesen sein mag, die der Tod beendet hat: dies Schicksal erspart einem sich einzugestehen, daß man auch ohne diese Schicksalswendung gescheitert wäre.

Wir bestehen also auf Dauer – zumal die offizielle Auffassung von Ehe sie uns als den Regelfall verordnet. Jedenfalls so lange der Himmel noch ausreichend wolkenlos ist. Aber unsere Wunschvorstellungen werden von der Wirklichkeit hart bedroht. Schauen wir uns einige solcher allgemeinen Bedrohungen an.

1. Jeder Mensch, ganz gleich welcher Schicht er angehört (und da hat sich ohnehin sehr verwischt), hat heute ein großes Potential an Freizeit zur Verfügung. Und die verbringt er nur in seltenen Fällen in ehelicher oder familiärer Gemeinsamkeit. Er geht z. B. ins Schwimmbad, zum Kartenspielen, zum Chorsingen, zur Parteiversammlung. Er ist also über weite Strecken nicht »unter Kontrolle«, was die Möglichkeit schafft, diesen Freiraum ganz subjektiv zu nutzen.

2. Wir sind mobil. Wir besitzen kleine, geschlossene, schnelle, fahrbare Autos, die für Zweisamkeit zwar nicht geschaffen wurden, aber wie dazu geschaffen sind.

3. Ein wichtiges Kommunikationsmittel (kann man sich noch vorstellen, daß heimliche Liebespaare ihre Billets doux in hohle Weiden legten?) ist nicht mehr überprüfbar. Wenn der oder die »Illegale« gerade auf den Fidschi-Inseln weilen sollte: für ein schnelles Telefonflüstern: »Ich habe Sehnsucht nach dir« reicht es immer, ohne daß das die Gebührenrechnung in schwindelnde Höhen treibt.

4. Männer und Frauen treffen einander an ihren Arbeitsplätzen und kommen auf diese Weise häufig in reizvollere Kontakte als sie sich in der oft genug monotonen und gettoähnlichen Atmosphäre von Kleinfamilien herstellen lassen.

Wer z. B. als Frau den ganzen Tag als einzigen Kommunikationspartner ein Baby um sich hat, kann abends schlecht auf sprühendes Interesse für die dynamischen Berufsereignisse des Partners umschalten.

Hinzu kommt, daß sich heute nur noch wenige Menschen eine sehr direkte und zielstrebige Bedürfnisbefriedigung versagen. Und daß unlogischerweise der Mythos nicht ausgerottet ist, der Treuebruch des Mannes wiege leichter als der der Frau. Das Klischee des Patriarchats ist in manchen Bereichen eben noch unbeschädigt.

Die wenigsten realisieren, daß ein Platz, der bereits besetzt ist, erst geräumt werden muß, wenn man sich anschickt, ihn einzunehmen. So lange diese einfache und eigentlich leicht einzusehende Tatsache großzügig ignoriert wird, so lange ist kein Kraut gegen jene Eifersucht gewachsen, die mehr ist als lästiger Besitzanspruch, als gekränkte Eitelkeit, als kleinkariertes Rivalisieren aus Geltungsbedürfnis. Hier steht sie groß im Raum, hier geht es um Gefühlstod oder – überleben, hier entwickelt sich das Zweierdrama in voller Wut. Aber auch diese existentiell ernsthafte Eifersucht, sie hat ihre Spielarten. Und es gibt viele Gelegenheiten, sich am Problem vorbei zu bewegen.

Die Situation ist da

Du hast es erfahren – wie, ist relativ gleichgültig. Jedenfalls weißt Du »es«. Höchste Alarmstufe, denkst Du – und übersiehst, daß die Alarmglocken schon lange geschrillt haben müssen, ohne daß Du sie vernommen hättest. Vielleicht war ihr Klang anders als Du es Dir vorstelltest, wenn Du diese Möglichkeit gedanklich flüchtig – niemals ernsthaft – durchgespielt hast. Vielleicht waren aber auch Deine Ohren verschlossen. Darüber wirst Du, wenn überhaupt, erst viel später nachdenken.

Also, er hat Dich wissen lassen, daß er Dich verlassen wird. Es gibt eine andere, er zieht sie Dir vor.

Deine Phantasie fängt an zu arbeiten. Sie ist jetzt der zuverlässigste Begleiter Deines Bewußtseins. Sie dringt auch in Deinen Schlaf, in Deine Träume ein. Sie ist unermüdlich, unentwegt am Werke. Sie läßt keine Vorstellung aus, die geeignet ist, Dich zu sezieren. Und sie drückt vorab einmal Dein Selbstbewußtsein auf einen Nullpunkt herunter.

Da sitzt Du also gleichsam in einem Eiskeller, in dem es gleichwohl brennt. Was brennt, ist sie, die »große Kränkung«. Der Schmerz ist betäubend, manchmal; penetrant schrillend die übrige Zeit. Irgendwann bist Du nach bohrendem Grübeln eingeschlafen – Du erwachst, bist einen Augenblick lang entspannt, erinnerungslos, fast fröhlich, und dann ist alles wieder da, fällt die Qual wie eine Raubkatze über Dich her. Du stehst auf, gehst vor den Spiegel und stellst Dir die ewige, unausrottbare Frage, die die Schwachen, die Starken, die Hübschen, die Häßlichen, die Intelligenten und die, die es weniger sind, vergeblich stellen: Was hat *Sie,* was ich nicht habe?

Laß das sein. Es gibt jetzt drei Möglichkeiten: entweder Du kennst sie schon, oder er ist so geschmackvoll, Dir mit Besitzerstolz ein Foto von ihr zu präsentieren, oder jemand anders kennt sie und beschreibt sie Dir (subjektiv natürlich, wie sollte er, d. h. meistens sie: die Freundin, die es gut mit Dir meint, das auch anders machen), oder Du siehst sie eines Tages leibhaftig. Irgendwo – wie sagt einer: »Da schau her, da ist ja auch Frau X.« –, und Du denkst, Du fällst auf der Stelle um. Keine Angst, das passiert nicht, Du drehst Dich um und betrachtest sie, nicht gerade mit den Augen der Liebe – versteht sich. Und was siehst Du?

Eine Frau wie jede andere. Für Dein Gefühl fällt sie in keiner Weise aus dem statistischen Durchschnitt heraus. Vielleicht ist sie jünger als Du: nun, die Jugend allein macht es nicht. Sie ist vielleicht hübscher: wer will das wirklich beurteilen? Vielleicht ist sie älter: siehe oben – das Alter ist immer relativ. Ihre Beine sind wie Sektflaschen, Deine sind denen der Dietrich in ihren besten Jahren ähnlich. Vielleicht hat er Deine Beine 10 Jahre lang bewundert, sie sexy, elegant, hinreißend gefunden – nun liebt er Sektflaschen. Verschwende also keine Gedanken an diese törichte Frage (siehe oben), sondern sag Dir ein für allemal:

Zunächst einmal ist sie anders. Oder auch ähnlich, falls er der Typ ist, der immer wieder vom gleichen Muster angezogen wird (es nicht *wählt*, denn das wäre ja eine freie Entscheidung). Zu einer freien Entscheidung aber ist er in diesem Augenblick nicht in der Lage. Also, was hat die Dame, was Du nicht hast? Etwas sehr Wichtiges: Dich kennt er, in allen Lebenslagen. Darüber hat Kurt Tucholsky schon ein sehr pointiertes Gedicht gemacht, allerdings auf die umgekehrte Situation:

DER ANDRE MANN

Du lernst ihn in einer Gesellschaft kennen.
Er plaudert. Er ist zu dir nett.
Er kann dir alle Tenniscracks nennen.
Er sieht gut aus. Ohne Fett.
    Er tanzt ausgezeichnet. Du siehst ihn dir an...
    Dann tritt zu euch beiden dein Mann.

Und du vergleichst sie in deinem Gemüte.
Dein Mann kommt nicht gut dabei weg.
Wie er schon dasteht – du liebe Güte!
Und hinten am Hals der Speck!
    Und du denkst bei dir so: »Eigentlich...
    Der da wäre ein Mann für mich!«

Ach, gnädige Frau! Hör auf einen wahren
und guten alten Papa!
Hättst du den Neuen: in ein, zwei Jahren
ständest du ebenso da!
    Dann kennst du seine Nuancen beim Kosen;
    dann kennst du ihn in Unterhosen;
    dann wird er satt in deinem Besitze;
    dann kennst du alle seine Witze.
    Dann siehst du ihn in Freude und Zorn,
    von oben und unten, von hinten und vorn...
Glaub mir: wenn man uns näher kennt,
gibt sich das mit dem happy end.
Wir sind manchmal reizend, auf einer Feier...
und den Rest des Tages ganz wie Herr Meyer.
Beurteil uns nie nach den besten Stunden.

Und hast du einen Kerl gefunden,
mit dem man einigermaßen auskommen kann:
    dann bleib bei dem eigenen Mann!

Und deshalb bewege Deine Phantasie nicht länger, sie verschafft Dir nur Qualen, die selbsterzeugt sind – die, die unausweichlich auf Dich zukommen, weil sie in Tatsachen begründet sind, werden Dir ohnehin schon genug zu schaffen machen. Überdies hat sie in der Tat eine Menge, was Du nicht hast: irgendwo und – wie sind sich alle Frauen ähnlich und auch wiederum verschieden. Was soll ich mit dieser Platitüde, wirst Du jetzt vielleicht sagen, das weiß ich doch ganz genau – gut, eingesehen, nur: Du verstehst nicht, wenn das so ist, warum dann ...

Aber da gibt es ein paar Erklärungen, die ebenso nahe an der Platitüde sind wie das, was ich Dir eben erzählt habe. Versuch einmal, sie zu durchmustern und dann herauszufinden, welche auf Deinen Fall am ehesten zutrifft. Aber denk nicht, daß diesem Versuch irgendwelche Handlungsanweisungen meinerseits folgen, die geeignet wären, Deine mißliche Lage zu beenden. Es gibt nur solche, die sie etwas erträglicher machen. Davon später.

1. Er hat schon seit langem dieses rauschhafte Gefühl vermißt, das ihn in die Hochstimmung des Siegers versetzt. Er liebt dieses Gefühl, denn es hilft seinem Selbstbewußtsein (in dem jeder, aber auch jeder Mann Krisen erlebt) ungeheuer auf die Beine. Sag nicht: »Ja, aber ich kann doch auch ...« Nein, nein, Du kannst ihm das nicht vermitteln. Nicht mehr. Ihr seid ein Paar, unbestritten, aber kein Liebespaar. Hast Du immer versucht, den platten Alltag abzuwenden, ihn gelegentlich in ein Fest à deux zu verwandeln? Ja. Glaube ich Dir. Aber trotzdem bist Du seine Frau und nicht eine Person, an der man seine Träume aufhängen kann wie eine flatternde Fahne – Deine Flagge neigt sich müde zur Erde und wird nur ab und zu von einer frischen Brise gefüllt. Aber sie knallt nicht im Wind.

2. Irgendwie hat er geglaubt, ganz zufrieden zu sein. War er auch. Du bist mit Sicherheit nicht »die Unwürdige« an seiner Seite gewesen. Er ist sogar bereit, das anzuerkennen. Er konnte ja auch nicht wissen, daß irgendwo jemand existiert, der *noch* besser zu ihm paßt als Du, bei dem die Wellenlänge, die zwei Leute angeblich magisch verbindet, *noch* genauer

stimmt. Es fallen ihm jetzt lauter schicke Metaphern ein, die diesen Zustand beschreiben, poetische Bilder, die Du ihm, dem kühlen Manager (Wissenschaftler, Techniker, Arzt, Lehrer, Busfahrer, Tischler ... was auch immer er sein mag), nie zugetraut hättest. Er gebraucht Worte, von denen Du gar nicht gewußt hast, daß er sie kennt. Wenn er überhaupt redet und nicht seine Erlebnisse für so kostbar hält, daß kein anderer sie mit seinen groben Pranken antasten darf.

Du siehst also: Du bist ein Opfer des Sprichwortes geworden, mit dem manche Leute ihren Treuebruch vor sich und anderen rechtfertigen: »Das Bessere ist des Guten Feind.«

3. Seine Potenz hat sich ungemein belebt. Gib zu, Du mußtest ihn gelegentlich schon mal ein bißchen stimulieren, damit er sich als ganzer Mann fühlen konnte. Das hat er nun nicht mehr nötig. Jetzt ist er wieder allzeit bereit. Du merkst – falls Du Gelegenheit hast –, er fährt jetzt auch seinen Wagen ein bißchen aggressiver, er donnert schon mal Leute an und gibt seine distanzierte Zurückhaltung im Berufsleben auf: er klopft sich und den anderen ständig auf die Schulter. Dafür ist er »ihr«, ohne es zu wissen, zutiefst dankbar, und deshalb hat sie leichtes Spiel mit ihm. Diese Form der Dankbarkeit bildet einen für Dich gefährlichen Kitt. Denn sie macht ihn ganz und gar unkritisch gegenüber den weniger bezaubernden Eigenschaften der Dame.

Also, Du kommst jetzt nicht an ihn heran, und Du solltest Dich auch nicht mit verzweifelten Prognosen aufhalten, ob das je wieder der Fall sein wird.

Der heitere Himmel, an dem dieser Blitz Dich getroffen hat (unschuldig? Ach, das Wort Schuld wollen wir lieber gar nicht erst in den Mund nehmen, sonst geraten wir sogleich auf ein völlig falsches Gleis), hat sich also erst einmal verdüstert, und Du kannst jetzt nur noch auf besseres Wetter hoffen.

Es wird Dir entsetzlich schwerfallen, dieser Einsicht zu folgen. Denn alles drängt Dich jetzt zu handeln, etwas zu tun, zu kämpfen. Du glaubst allen Ernstes, man kann um einen Menschen kämpfen. Du brütest und brütest, und das Fazit Deiner Grübeleien wird stets mit schrecklicher Monotonie dieses sein: es muß doch etwas geben, was ihn umstimmt. Denn Du bist seiner ja keineswegs überdrüssig, und Du willst ihn wiederhaben. Du erwägst verschiedene Kampfstrategien, rein emotionale und etwas rationalere. Ich zähle Dir einmal auf, was Dir in den Sinn kommen wird:

1. Du erinnerst ihn an seine Pflichten. Du ziehst Dich schick an, machst Dir ein wundervolles, tränenfestes Make-up und sprichst mit ihm. Du hast sein Lieblingsessen gekocht. Und Du machst ihn dingfest. Glaubst Du. Kaum hast Du Deine wohlvorbereiteten Ausführungen absolviert (sinngemäß: ich bin schließlich deine Frau, mich kennst du seit 15 Jahren und sie seit 3 Monaten, das kann man doch nicht vergleichen, und man kann doch nicht so tun, als wären diese 15 Jahre einfach gar nichts gewesen, sinngemäß: Spreu vor dem Wind), und ich bin Dir immer, aber auch immer treu gewesen (Deinen kleinen Seitensprung damals in der Kur zählst Du jetzt nicht mit, das war ja auch wirklich nur ein Ausrutscher, und außerdem hattest Du etwas getrunken), usw.

Irgendwann, im Eifer Deiner Argumente, merkst Du: er hört gar nicht richtig zu. Er guckt verstohlen auf die Uhr. Er muß weg. Ja, man sollte es nicht für möglich halten, auf einmal sitzt Du da, mit Deinem schicken italienischen Pulli, dem Puder mit highlight-Effekt, der sich schon langsam von Deiner leicht anschwellenden Nase verflüchtigt hat, mit den Resten des Steaks au poivre – und Du siehst ihm, mit einer leicht gemurmelten Entschuldigung, nach – einem beleidigend sanften Kuß auf Deine schweißfeuchte Stirn – der hat ihn wirklich Überwindung gekostet – entschwinden. Argument verspielt. Er will das nicht hören, denn er weiß das alles, und er läuft – wie könnte das auch anders sein – seinem eigenen schlechten Gewissen davon. Du hast ihn nicht aufgerüttelt, Du warst ihm bloß lästig. Und er will nicht Dein Pfeffersteak, sondern mit »ihr« schlafen und hinterher Rotwein, Baguette und Käse essen – ganz unbürgerlich. Denn »sie« wird nicht den Fehler machen, ihn ins Korsett der Konventionen zwingen zu wollen.

2. Du bietest ihm Verzeihung an. Mehr oder weniger pathetisch flehst Du ihn an, auf der Stelle mit »ihr« Schluß zu machen. Als Gegenleistung, sagst Du, wirst Du alles vergessen, nie wieder darauf zurückkommen. Strich drunter, große Versöhnung, neuer Anfang. »Wir werden unsere Ehe noch einmal kitten.« Glaubst Du ernsthaft, dergleichen geht? Möglich, daß er Dir sogar dieses Schlußmachen verspricht. Warum wohl? Du kommst nicht darauf? Aus Angst, Du könntest irgendwelche troubles veranstalten, durchdrehen, etwas Unberechenbares tun, auf diese Frau losgehen. Oder, falls es sich um eine Arbeitskollegin handelt, Du könntest mit dem Arbeitgeber sprechen wollen. Unzucht im Betrieb, so stellst Du Dir vor, das kann doch niemand dulden? Hast Du eine Ahnung, was alles geduldet wird, vor allem innerhalb der Solidarität der Männer auf diesem Gebiet. Außerdem: würdest Du das wirklich schaffen, nie wieder auf dieses Thema zurückzukommen? Überschätz Dich nicht, die Verführung ist verlokkend und groß, immer wieder im Urschlamm des Betrugs zu wühlen. Er fühlt: Du hast damit etwas, womit Du ihn zukünftig in Schach halten kannst und vor allem willst.

3. Du erinnerst ihn an die Kinder. Das ist ein äußerst bitteres Kapitel. Damit kannst Du nur Erfolg haben, wenn er sich jemals mit seiner Vaterrolle befreundet hat. Viele haben das nie getan. Die verdrängen jetzt, was nur geht und sich nicht allzu sehr wehrt. Verdränge, wer kann!

Ist er also kein Vater, dann wirst Du ihn mit den Kindern nicht schrecken können. Ist er einer, stürzt Du ihn in Konflikte. Glaub aber nicht, dies sei ein Mittel, ihn von »jener« abzubringen. Im Augenblick ist er fixiert, und er glaubt, das Problem mit den Kindern wird sich schon irgendwie lösen. Er tröstet sich damit, daß sie mehr an Dir hängen als an ihm, oder er traut sich zu, er kann es ihnen erklären, falls sie schon in einem Alter sind, daß sie »begreifen« können. Was er ihnen wirklich antut, das läßt er, wie gesagt, nicht in sein Bewußtsein dringen.

Er macht sich Sprüche zurecht, z. B.: »Kinder kommen schnell über alles hinweg«, oder »Das haben ja viele durchmachen müssen, also werden die das auch überstehen«. Du wirst erschreckt feststellen: Kinder sind nicht *der* Kitt – falls Du jemals daran geglaubt haben solltest. Doch, Du hast daran geglaubt, mindestens in der Zeit, als er Dich am Wochenbett behandelte, als seiest Du die heilige Erfüllung seines männlichen Daseins.

4. Du erinnerst ihn, daß er erhebliche wirtschaftliche Einbußen haben wird. Vielleicht sind Eure Besitzverhältnisse so geartet, daß dies sogar stimmt. Aber an Geld denkt er jetzt überhaupt nicht. Er ist ja noch nicht einmal sicher, wie es in Zukunft weitergehen wird: also ist er für solche Vorstellungen einfach nicht zu sprechen. Und – was ist schon Geld? Er ist glücklich und beschwingt – das genügt fürs erste.

Du stellst aber noch andere, qualvollere und teils mit Siegerphantasien durchsetzte Überlegungen an. Du erwägst: ich werde mit ihr sprechen. Das flutet jetzt hin und her durch Deinen verwirrten Kopf. Mal siehst Du Dich als strahlende, kühne Kämpferin, wie die andere buchstäblich in die Knie geht und um Verzeihung fleht – wie konnte sie sich in eine solch großartige Beziehung auch nur im entferntesten einmischen? Du siehst auch andere Bilder: wie sie Dir die Tür weist und tief unterkühlt antwortet: »Aber ich habe Ihren Mann weder entführt noch vergewaltigt. Da er ganz freiwillig zu mir gekommen ist, muß das seinen Grund haben. Soll er doch entscheiden, was er will, er ist ein freier Mensch. Ich jedenfalls zwinge ihn zu nichts.« Was sie nicht ausspricht: Du, Du willst ihn zwingen. Und natürlich hat sie recht: zwingen läßt er sich nicht. Was natürlich nur Dein eigener Nachteil ist, nicht der ihre, denn, in diesem Augenblick jedenfalls, kann sie seiner ganz sicher sein.

Die »andere«

Gut, Deine Phantasien wechseln, aber sich ihr zu nähern, das ist letztlich dann die Vorstellung, mit der Du am intensivsten umgehst. Und eines Tages kannst Du es nicht lassen – Du rufst sie an. Du hörst zum ersten Male ihre Stimme und wunderst Dich, wie wenig voluminös sie klingt. Du hast Dir immer vorgestellt: Wer mich aus dem Felde schlägt, das ist eine Art von Vollweib, in jeder, aber auch jeder Beziehung. Dieses Stimmchen hast Du nicht erwartet. Wieder fragst Du Dich: wo hat er seinen Verstand (wieder eine ganz falsch gestellte Frage, denn gerade mit demselben operiert er jetzt nicht – aber ganz und gar nicht). Du hast das längst gemerkt: er trifft gar keine Vorsichtsmaßnahmen mehr, um vor Dir den »Lauf der Dinge« zu verbergen. Er resigniert (und da hat er, der sich so schwer ins Unrecht gesetzt hat, nun wirklich einmal recht) vor Deinen sich steigernden kriminalistischen Bemühungen, herauszubringen, wie oft, wie lange – ach, laß doch dieses sein. Er *ist* mit ihr und bei ihr, was kümmern Dich die Details? Sie verwunden Dich nur.

Also, mit ihrer merkwürdig dünnen und kindlichen Stimme hat sie ihn bezaubert?

Ich grabe jetzt in meiner Erinnerung und versuche, Dir den Bericht einer Frau zu wiederholen, den sie mir nach einem Besuch bei ihrer Rivalin gegeben hat:

Ich rang und rang mit mir – soll ich oder soll ich nicht? Und dann suchte ich also ihre Telefonnummer raus und wählte. Sie sagte lediglich: »Hallo.« Ich vergewisserte mich, daß sie es war. Ich nannte meinen Namen. Ich hörte, wie sie atmete. Dann sagte sie sehr ruhig, aber gepreßt: »Ja bitte, Sie wünschen? Ihr Mann ist nicht hier.« Darauf war ich nun ganz und gar nicht gefaßt. Welche Chuzpe, derart die Flucht nach vorn anzutreten. Ich war etwas verwirrt, hin- und hergerissen zwischen Beeindrucktsein und Wut. Doch ich fing mich. Ich antwortete kühl: »Ich weiß, daß er nicht bei Ihnen ist. Deshalb rufe ich an und ich bitte Sie, ihm gegenüber nichts von diesem Gespräch zu erwähnen.« Kühl kam es zurück: »O.k. Sie wollen mir wahrscheinlich vorschlagen, daß wir uns einmal zusammensetzen und die Situation besprechen?« Wieder war es ihr gelungen, mich mattzusetzen. Das konnte ja gut werden. Ich sagte: »In der Tat, das wollte ich.« Sie fragte zurück: »Wann und wo?« Meine Antwort: »Ich bin bereit, zu Ihnen zu kommen.« Das hatte ich mir vorher überlegt; ich wollte einfach sehen, wie diese Frau lebt. Leider mußte ich ihr schon beim nächsten Satz, den sie produzierte, als habe sie sich seit langem auf diese Verabredung vorbereitet, wieder recht geben: »Ich könnte mir denken, daß diese Umgebung, die ja auch Ihr Mann kennt, Sie belastet. Ich glaube, wir können an einem dritten Ort neutraler sprechen.« Ich schwankte einen Augenblick, wollte ihr dann nicht die Vorhand geben, und wieso dachte sie eigentlich über meine Kraft oder Nicht-Kraft nach, eine solche Situation zu bewältigen? Ich antwortete also unerschrocken: »Nein, wenn Sie nichts dagegen haben, komme ich zu Ihnen.« Ihre Stimme klang eine Spur, allerdings kaum nachweisbar, belustigt: »Also gut, wann? Machen Sie einen Vorschlag.« Darauf ich: »Ich kann mich nach Ihnen richten, schließlich bin ich die Hausfrau und Sie die Berufstätige.« Ich biß mir auf die Lippen, das war wiederum nicht sehr geschickt. Sie ließ sich diesmal überhaupt nichts anmerken, sondern wurde sachlich: »Da ist was dran, lassen Sie mich überlegen.« Warum, mußte ich sofort denken: jetzt denkt sie scharf nach, wann unser Treffen am wenigsten in Gefahr ist, mit einer Zeit zu kollidieren, die er zur Verfügung hat. Aber ihre Entscheidung fiel schneller als ich dachte. »Nächste Woche, Montag um 18.00 Uhr?« Warum erst in einer Woche? Klar, sie mußte den Fall erst mit ihm diskutieren: Was geben wir zu, was nicht, wie stelle ich mich ein... usw. Ich wurde kalt bis zum Herzen hin. Ein paar höfliche Abschiedsfloskeln, eingehängt.

Ich saß da, es wurde dunkel, ich machte kein Licht, tausend Gedanken gingen mir durch den Kopf. Dann hörte ich seinen Wagen. Ich blieb sitzen. Er betrat das Wohnzimmer, drehte sofort mehrere 100 Watt an. Blieb stehen, noch im Mantel: »Ist was passiert?« Irgendwie frohlockte es in mir, also bin ich ihm doch noch nicht ganz gleichgültig, also hat er doch meinetwegen ein schlechtes Gewissen. »Ich habe mich mit deiner Freundin zu einem Gespräch verabredet.« War mein Ton zu scharf gewesen? Wurde er wirklich blaß oder bildete ich mir das nur ein? Seine Frage kam sofort: »Und, hast du sie erschreckt, hast du sie bedroht?« Mir sank das Herz. Also das war seine einzige Sorge. »Natürlich nicht«, sagte ich so kühl wie ich konnte, »ich fand sie übrigens überaus sympathisch am Telefon...« Auch das war ein Fehler, wie ich sofort registrierte. Er atmete auf. »Mach mir nichts vor«, sagte er distanziert, »du kannst sie nicht ausstehen. Aber sie wird das schon gut machen, ich kenne sie genug...« Er ging zum Getränketisch, goß sich einen Whisky ein. Aha, den braucht er doch. Mein vorübergehendes Triumphgefühl hatte sich längst verflüchtigt. Da sind wir mitten drin im Machtkampf, im Gerangel, im: sie oder ich, und der Hauptdarsteller orientierte sich nur an der Hauptdarstellerin. Und das ist sie, nicht ich. Ich bin in die Nebenrolle gedrängt. Ich nahm mein Glas – er hatte Wert darauf gelegt, daß ich auch einen Whisky kriegte, wahrscheinlich durfte er dann auch ungestraft mehrere trinken – wir brauchten das damals, glaube ich, beide.

Und ich ging in mein Zimmer, hörte irgendwo das Klicken des Telefons und trank noch einen Whisky, um dieses verdammte, verdammte, dreimal verdammte und zum kotzende Problem zu vergessen.

Ich wachte irgendwann auf und dachte, er liegt neben mir. Er lag natürlich nicht neben mir. Doch habe ich dann wieder angefangen – natürlich: was sollte ich denn machen? Ich habe mechanisch alles getan, was so anfiel. Und dann war der Montag da.

Ich würde also hinfahren. Mit meinem Mini, damit ich jederzeit abhauen und nicht doof aufs Taxi wartend an der Straße stehen müßte. Was anziehen? Jeans waren mir zu albern (betont emanzipiert), Kostüm zu konventionell. Wie eine teure Frau wollte ich auch nicht aussehen (Wolfgang war immer sehr großzügig zu mir gewesen; er sah es gern, wenn ich mir edle Sachen kaufte – aber vielleicht hatte er sich ihr gegenüber beklagt, gerade über diesen Punkt? Es stimmte ja nichts mehr, was früher gestimmt hatte). Also nahm ich einen mauvefarbenen Hosenanzug, schmal geschnitten, eine lässige Bluse, Ton in Ton und ganz wenig Schmuck. Die Fönwelle des Frisörs bürstete ich mir sorgfältig wieder heraus. Irgendwie verachtete ich mich selbst: schließlich ging es um meinen Mann und nicht um die blöde Staffage. –

Ein Hochhaus, unpersönlich, aber nicht unelegant. Sie ließ mich etwas warten, dann aber quäkte die Sprechanlage, und ich bekam die Anweisung: 8. Stock. Ich begegnete niemandem. Gott sei Dank, sie wohnte wenigstens so, daß Wolfgang sich (oder mich?, das meinte ich doch wohl eher) nicht allzusehr vor Nachbarn exponierte. Sie stand schon in der offenen Tür! Ich bemühte mich, sie gelassen anzusehen.

Eine sehr schlanke, sich gerade haltende Person. Gut geschnittenes, etwas kantiges Gesicht (ich selbst habe eher weiche Konturen), ein sehr schön geschwungener Mund, ungeschminkt übrigens, die glatte Haut ohne jede Spur von Makeup (glaubte ich, mir nicht leisten zu können). Das wellige bräunliche Haar zu einem dicken Zopf geflochten (sofort stellte sich mir die Vision ein, wie er dieses Haar auflöste. Weg damit!). Sehr große, hellgraue Augen; sie trug einen weich fallenden braunen Rock, einen schwarzen Pulli dazu, auch sehr weich, sehr weit fallend. Ihre Rundungen, falls sie welche hatte, waren beim besten Willen nicht zu erkennen. Hätte ich sie auf einer Party getroffen, wir wären möglicherweise in ein gutes Gespräch gekommen. Ich konnte mich einer widerwillig empfundenen Sympathie für ihre Erscheinung nicht erwehren.

Sie betrachtete mich eher zerstreut, sicher nicht halb so interessiert wie ich. Wir gaben einander die Hand, die ihre fühlte sich sehr kühl, sehr knochig an, es waren eher die Hände eines 15jährigen Jungen. Sie wies mir stumm den Weg geradeaus. Das Zimmer war groß, sehr hell, sparsam möbliert. Beige Cordsessel, violetter Bodenbelag, ein paar niedrige Glastische, Bücher, an den Wänden Hundertwasser- und Braque-Reproduktionen. Ich entspannte mich etwas. Unter sein Niveau war er nicht gegangen. Das nämlich wäre für mich *noch* schlimmer gewesen. Ach, über diesen Punkt, erinnere mich daran, müssen wir überhaupt noch einmal sprechen. – Ich setzte mich nicht gleich, und sie schien auch daran gewöhnt zu sein, denn der Blick durch die große Loggiatür auf die Stadt war wirklich faszinierend. Die Sonne ging gerade unter, und die Türme glühten. Ich bemerkte die Sitzkissen vor diesem Ausblick, und natürlich drängte sich mir sofort die Vorstellung auf, wie sie hier saßen, die Weingläser in der Hand und vor dem weiten Himmel ohne Gegenüber schmusten... Wolfgang hatte Sinn für solche Szenen. – Sie stand artig da. Offenbar war sie nicht gesonnen, den Anfang zu machen. Begreiflich, ich war es ja, die das Gespräch gewollt hatte.

Das Schweigen breitete sich unangenehm aus, sie sah in ihren Schoß; zum Glück bot sie mir weder Kaffee noch sonst etwas an, das hätte ich auch nicht heruntergebracht. Ich begann, hörte meine eigene Stimme wie die einer Fremden. »Ich wüßte gern, wie ernst Sie es meinen.« Sie antwortete nicht gleich. Ihre Stimme war etwas rauh, ich wußte, daß Wolfgang diesen Tonfall liebte. »Sehr ernst, und«, fügte sie für mein Gefühl etwas zu schnell hinzu, »er auch. Hat er es Ihnen noch nicht gesagt?« »Wir haben überhaupt noch nicht viel darüber gesprochen«, gab ich zu, »vielleicht wollte er es, aber ich war zu geschockt.« »Das verstehe ich«, sagte sie still, »es muß gräßlich für Sie sein.« Mir drehte sich der Magen um. Verdammtes Stück. »Wenn Sie das so genau wissen, warum sorgen Sie dann nicht dafür, daß es keinen Grund gibt, mir gegenüber ›gräßlich‹ zu sein?« »Das kann ich nicht«, sagte sie schlicht, »Wolfgang liebt mich und ich ihn. Sie werden sich erinnern, daß dann nichts anderes wirklich zählt.« Das war eine hundsgemeine Bemerkung, so empfand ich es jedenfalls in dem Augenblick, in dem sie ausgesprochen wurde. Später wurde mir klar, daß es die reine, nackte und bittere Wahrheit war und daß sie, wie alle Frauen, mutiger war als der Mann, den sie liebte und diesen unerläßlichen Part der rückhaltlosen Offenheit übernommen hatte. Irgendwie packte mich ein absurdes Mitleid. Sie war ja genauso schlimm dran wie ich: ausgeliefert. Aber ich verdrängte dies Gefühl sehr schnell. »Wenigstens sind Sie ehrlich«, sagte ich mit kleiner Stimme, »das bringt uns schon mal weiter.« Wieder packte mich die Bitterkeit: »Ich zähle also nicht für Sie?« Das war mit Sicherheit die falsche Bemerkung. »Wieso nicht?« sagte sie ruhig. »Sie zählen sogar sehr. Wolfgang macht sich große Sorgen um Sie; er weiß, daß Sie leiden, und das setzt ihm natürlich zu.«

Ich konnte mich kaum noch beherrschen. Diese maßlose Arroganz, mit der sie mir Wolfgang und sich selbst als eine gegen mich gerichtete Einheit demonstrierte. Ich sagte so kalt wie möglich: »Ich brauche Ihr Mitleid nicht.« Sie ließ sich nicht beirren: »Begreifen Sie, daß Sie bei mir an der falschen Adresse sind? Ich habe ihn nicht gebeten, hierher zu kommen, ich zwinge ihn zu nichts, alles, was er tut, ist seine Sache und die ist ganz und gar freiwillig. Er will mich und Sie nicht mehr. Verstehen Sie?«

Genau das also sagte sie, was meine Vorstellung mir eingegeben hatte. Ich hatte plötzlich das Gefühl: bloß weg hier. Die Luft war kaum noch zu atmen. Meine Phantasie zauberte Wolfgang herbei, wie er hier mit ihr saß, lachte, trank, zärtlich war, schlimmer noch: leidenschaftlich, so wie er es im Anfang unserer Beziehung zu mir gewesen war und ach, schon lange nicht mehr ... Ich hatte gute Lust, in ihr selbstgerechtes Gesicht zu schlagen. Nein, wohlerzogen, wie wir schließlich sind, taten wir nichts dergleichen; ich stand etwas schwerfällig auf, murmelte: »Das war also ein Schlag ins Wasser. Ich hätte es wissen sollen.« Stakste hinaus, ich sah mich selbst unharmonisch, unrhythmisch mich bewegend, wahrscheinlich hatte ich auch rote Backen, mit denen ich mich selbst nicht ausstehen konnte, und mein Abgang war dann auch noch dadurch etwas kläglich, daß sie mir helfen mußte, weil ich mit der Sicherheitsvorrichtung an der Wohnungstür nicht zurandekam ... Immerhin sagten wir beide eine Abschiedsfloskel. Ich baute auf dem Rückweg beinahe einen ganz blöden Unfall, der mich, wenn er passiert wäre, mindestens 3 Punkte gekostet hätte; so trug er mir nur den ausdrucksvoll getippten Vogel an der Stirn meines Kontrahenten ein.

Wolfgang war zu Hause, saß im Sessel mit dem »Spiegel« und einem, wie ich gleich sah, dreistöckigen Drink. Ein bißchen Schadenfreude überkam mich. Aha, unruhig war er doch. Das wäre ja wirklich das letzte: ihm auch noch von diesem Fiasko berichten. Ich dachte nicht daran. Wieder, und ich war froh darüber, erfaßte mich das in dieser Zeit solideste, gesündeste, mich am meisten erfrischende aller Gefühle: die Wut. Aber leider gab sie mir, wie mir sofort klar wurde, die falschen Worte ein. »Ja, ja, du liegst nicht falsch, ich komme gerade aus deinem Privat-Puff.« Wolfgang sprang auf. Er war weiß im Gesicht. »Hüte deine Zunge!« Was gab ihm fast dichterische Worte ein? Plötzlich wurde mir klar: da war ich wirklich auf die Liebe gestoßen, in ihrer perfekten Form. Ich war ohnmächtig, ganz und gar. »Entschuldige«, sagte ich tonlos, »ich nehme das zurück.« Er kam hinter mir her. Strich mir über das Haar. Es war eine geschwisterliche Berührung; sie gab mir den letzten entscheidenden, ja, ich bin pathetisch genug zu sagen, den Todesstoß. Endlich hatte ich begriffen. Was konnte ich noch tun? Ein guter Verlierer sein – ich war es, und es kostete mich das Äußerste, dessen ein Mensch fähig sein kann und wozu er gedrängt wird, diese Rolle fair zu spielen. Mein Gott, ich bin fast kaputtgegangen daran. Aber ich war immer ein Realist, und jetzt war der Augenblick gekommen, das zu beweisen. Ich nahm meine Zuflucht zur Literatur. Ich nahm seine Hand, legte sie zurück und sagte: »Wie sagt Sesemi Weichbrod in den ›Buddenbrooks‹? Sei glöcklich, Du gutes Kend.« Der Scherz war nicht originell, er war eher schwach, aber ich merkte doch, wie sehr er ihn erleichterte. Man hörte den Felsblock förmlich rollen, der ihm vom Herzen fiel.

Nun frage ich mich: Was habe ich denn auf diesen Besuch gesetzt? Worauf richteten sich meine Hoffnungen – denn die pure Neugier: wie ist dieses Wesen beschaffen, das jetzt seine ganze Gefühlswelt beherrscht, die kann es doch allein nicht gewesen sein. Nein, war es auch nicht. Ich habe mich selbst »auseinandergenommen«. Höre, was dabei herauskam: Ich habe an so etwas wie Menschlichkeit geglaubt, vielleicht auch an weibliche Solidarität – ich Illusionist. Habe wirklich gedacht, man kann einem Menschen ein schlechtes Gewissen einimpfen: etwa so – was ich hier begehe ist schlimmer als Diebstahl. Einer anderen den Mann klauen. Habe auch gedacht, die vielen Jahre, die er und ich miteinander verbracht haben – und es waren gute Jahre – das muß ihr doch Respekt einflößen. Wenn ich ausgesprochen hatte, wie mir ums Herz war, so hätte ich sicher diese (wie ich jetzt weiß) völlig deplacierten Worte gesagt: Hören Sie, der Platz, den Sie haben wollen, ist bereits besetzt. Zwei passen nicht darauf. Und ich bin es, die ihn besetzt hält, verstehen Sie: ich, nicht Sie. Gehen Sie zurück, da, wo Sie hingehören, aber sofort und schnell! Was ist Ihnen bloß eingefallen, sich so nah an diesen Platz heranzupirschen – wer hat Ihnen das erlaubt?

Und da war ich endlich bei der richtigen Adresse. Denn ich hatte mich an die falsche Adresse gewandt – das war mir jetzt klar – sonnenklar.

Er hat diese Annäherung erlaubt. *Er* war es, der dies nicht nur zugelassen, sondern aktiv gewollt hatte, an ihn mußte ich mich halten, nicht an sie. Man kann einer Frau nicht einen Mann klauen, der keine Bereitschaft zeigt, von jener wegzugehen, zu der anderen hin. Unmöglich. Man kann ihm nur signalisieren: wenn du zu mir kommst, ich bin bereit für dich. Niemand bricht in eine Ehe ein, die nicht eine offene Stelle zeigt, ein Schlupfloch, mehr oder weniger groß. Eine durchlöcherte Gemeinschaft, in die kann man hinein. Eine wirkliche Phalanx der Zweisamkeit, die bricht niemand auf.

Ein großer Teil meines Grolls gegen sie verschwand. Ich hatte mich ja auch einmal in Wolfgang verliebt, ich liebte ihn noch. Vielleicht haben Frauen, die denselben Mann lieben, irgendwie etwas Gemeinsames in ihrer Mentalität? Aber diesen Gedanken verwarf ich sehr schnell. Ein Mensch ist ein solch komplexes Gebilde, hat so viele Facetten, da gab es keine Gemeinsamkeiten.

Dann begann ich, mir die nächste Frage zu stellen: Wenn er es also war, der dieses alles zunächst einmal zugelassen haben mußte, warum denn nur? Was hatte ich mit ihm falsch gemacht? Und da stecke ich in einer Sackgasse, an deren Ende ich mir immer wieder, bei aller Grübelei, förmlich den Kopf einrenne.

Kann man um einen Menschen kämpfen?

Ja, ich kenne Euch beide. Ich will mich um eine Antwort bemühen, fürchte aber, daß sie Dich nicht befriedigen wird.

Resümieren wir: Ihr lebt jetzt 10 Jahre zusammen – Zeit genug, einander genau kennenzulernen, aber auch Zeit genug, sich zunehmend zu wiederholen. Ich sprach schon darüber: niemand entgeht auf die Dauer der Monotonie, niemand behält die gleiche Attraktivität, die er einmal hatte, und nur wenigen, sehr wachen, flexiblen, souveränen Geistern gelingt es, im Laufe der Zeit eher für den anderen interessanter als uninteressanter zu werden.

Derselbe Faktor Zeit, der Dir später – aber das kannst Du jetzt noch nicht wirklich glauben, entscheidend helfen wird, hat also gegen Dich gearbeitet und im wesentlichen Dein gegenwärtiges »Unglück« verschuldet. Hinzu kommt, daß unser aller Normensysteme labil sind, soweit wir uns nicht einer strengen Religiosität überantworten. So lange z. B. der Papst ein einsamer Rufer in der Wüste ist, wenn er gegen Unmoral, Scheidungen, Empfängnisverhütung flammende Reden hält, so lange kannst Du mit Normenkollisionen rechnen, die nur wenige sehr ernst nehmen. Wir wollen unser Stück vom großen Kuchen, und wir schneiden es uns ab, wenn sich eine verlockende Gelegenheit dazu bietet.

Du bist also für Wolfgang nicht mehr interessant (im eigentlichen Sinne des Wortes »interessant«) – es reizt ihn nicht mehr, »dazwischen« zu sein, bezogen auf das, was Dein Leben, Deine Existenz, Dein Wesen ausmacht. Damit wirst Du künftig leben müssen. Je schneller Du diese Einsicht realisierst, desto besser wird es Dir gehen. Aber leider hat noch niemand ein Rezept erfunden, wie man Trauerarbeit abkürzen kann. Ich werde Dir ein paar Tips geben können (keine »trickreichen«), sieh zu, was Du damit anfängst. Eigentliche Ratschläge sollen es nicht sein – nur Denkanstöße.

Greifen wir noch einmal einige Punkte Deiner Überlegungen auf. Wieso beruhigt es Dich, daß er anscheinend nicht »unter sein Niveau« gegangen ist? Trotzdem: ich finde diesen Satz sehr begreiflich. Dieser Mann war für Dich eine Art von Identifikationsobjekt. Du hättest Dich ihm nicht dauerhaft verbinden können, wenn er nicht gleichzeitig verkörpert hätte, was Dir wertvoll ist: Güte, Humor, Intelligenz, Geschmack, Lebenstüchtigkeit, Gelassenheit, ach, da ließe sich noch manches aufzählen. Früher hättest Du hinzugesetzt: Verläßlichkeit und Treue. Und gib zu, das Gegenteil dieser beiden Eigenschaften, die Du als ziemlich selbstverständlich lange Zeit hingenommen hast, kann man ihm auch jetzt nicht nachsagen.

Nun, all das ist eng in Deine eigene Selbstachtung integriert. Nie hat jemand gesagt: wie konnte sie bloß diesen Partner wählen, dem ist sie doch turmhoch überlegen. Deine Wahl war also so etwas wie ein Qualitätsnachweis Deiner selbst, sie war Deiner würdig. Wenn Du jetzt feststellen müßtest, daß seine neue Partnerin irgendein entscheidendes Manko aufwiese, Du würdest retrospektiv an eben dieser für Dich so wichtigen Selbstachtung einbüßen. Du müßtest Dich fragen: war ich denn blind für seine wirkliche Verfassung, blind für bestimmte Seiten seines Wesens, die jetzt gewissermaßen voll »durchgeschlagen« sind?

Sei froh im übrigen, daß Eifersucht, Wut, Haß Dich nicht so weit verblendet haben, daß Du »diese Frau« um jeden Preis abzuqualifizieren bemüht bist. Viele verrennen sich in derart blinde Aversionen, die zu weiter nichts nütze sind als zu der traurigen Selbstberuhigung: »Ich bin viel ›besser‹ – hübscher, klüger, tüchtiger, wertvoller und schließlich auch besser im

Bett.« Und wenn Du hättest einsehen müssen: dies ist wirklich eine Wahl »unter seinem Niveau«; was dann?

Dann wäre das noch lange kein Grund, sich der Vergangenheit, sich der Verbindung mit diesem Mann zu schämen. Du hast Dich vielleicht lediglich in seiner Wertskala nicht ausreichend ausgekannt – sonst hätte Dich diese Wahl jetzt nicht überrascht. Oder: (auch das faß einmal ins Auge, so schmerzlich das werden könnte) möglicherweise liegst Du falsch mit der Einschätzung Deines eigenen hohen Niveaus? Vielleicht bist Du gar nicht in den oberen Rängen anzusiedeln, wie Du gemeint hast, vielleicht bist Du eine ganz gewöhnliche Frau mit banalen Fehlern und Schwächen, mit naiver Egozentrik und überhöhten Ansprüchen an die Vollkommenheit der Mitmenschen und mit Scheuklappen für die eigenen Defizite? Irgendwo zwischen all diesen Möglichkeiten liegt Deine subjektive Wahrheit, mit der Du Dich befreunden und lernen solltest zu leben. Eine objektive gibt es in diesen subtilen zwischenmenschlichen Verzweigungen ohnehin nicht. Bilde Dir also nicht ein, Du habest sie gefunden, wenn Dir das Ganze nicht mehr so unbegreiflich erscheinen will wie in der ersten Bestürzung. Du wirst Dich aber immer noch fragen: was kann ich denn tun, um ihn wiederzugewinnen? In der hochtrabenden Sprache, die uns allen unterläuft, wenn wir in dramatische Lebensereignisse geraten, wirst Du beschließen: Ich werde um ihn kämpfen!

Fragen wir erst einmal: Kann man überhaupt um einen Menschen kämpfen? In bestimmten Bereichen schon, und man kann diesen Kampf sogar gewinnen. Ich zähle Dir ein paar Beispiele auf.

Utes junger Ehemann wollte sein Studium abbrechen. Alles stank ihm, er hatte keine Lust mehr; es gab zu viel an reinem Wissen zu speichern, er gierte nach Praxis, fand alles fad, trocken, unlebendig, hatte das Gefühl, er lebe am Leben vorbei. Ute erkannte, daß er sich auf einem gefährlichen Weg befand. Sie schnappte sich eines seiner Lehrbücher, die trokkenste Materie, über die er zu klagen hatte. Sie kniete sich in ein bestimmtes Kapitel hinein, und eines Abends, als er lustlos vor dem Fernseher saß, überraschte sie ihn mit lauter neugierigen Fragen zu einem Kapitel, das sie als »ungeheuer spannend« bezeichnete, das sie aber nicht voll erfaßt hatte. Er erklärte ihr, was sie nicht verstand und wunderte sich über ihre Fragen und noch mehr über ihre Faszination durch eine Materie, die er selbst schon als lästigen Ballast über Bord werfen wollte. Eines Tages zündete der Funke: Ute hatte sein Interesse für das Fach zurückgeholt, sie hatte buchstäblich dafür gekämpft und gewonnen.

Christianes Ehemann hatte eine etwas merkwürdige politische Entwicklung genommen, die ihr nicht sehr vernünftig erschien. Er fing an, sich mit suspekten Figuren zu umgeben, stundenlang mit ihnen zu schwafeln und wichtige Teile der historischen Entwicklung auf den Kopf zu stellen. Christiane arrangierte es geschickt, daß ihr Mann immer wieder von aufgeklärten und kompetenten Leuten ins Gespräch gezogen wurde; sie gründete eine Art »Lesekränzchen«, in dem ernsthaft gearbeitet wurde und schaffte es auf diese Weise, daß ihr Mann sich eines Tages als einen »vorübergehend bescheuerten Narren« erklärte.

Maria entdeckte, daß ihr Mann nicht mehr an Spielautomaten vorbeikonnte. Sie erschrak furchtbar, als ihr ein Fachmann, den sie zunächst ohne ihren Mann befragte, ihr erklärte, daß es sich hier um die beginnende Eskalation in eine Sucht handelte. Sie hatte ohnehin schon unter seiner Unreife, seiner Unfähigkeit, Versagungserlebnisse verschiedenster Art zu ertragen, gelitten. Aber sie liebte ihn, und sie wollte ihn behalten und einen reiferen Menschen aus ihm machen, als er es war, einer Mutter verwöhnter Sohn, der er bis dahin gewesen war. Maria erfand viele gemeinsame Unternehmungen, auf denen sie energisch bestand und führte sie auch durch. Sie steuerte ihn im wahrsten Sinne des Wortes an »Spielhöllen« vorbei; sie war immer auf dem Posten und machte das so geschickt, daß bei ihrem Mann nie das Gefühl entstand, er werde kriminalistisch überwacht oder es geselle sich ein Wachhund zu ihm. Schließlich brachte sie ihn in mehreren Gesprächen dazu (wobei sie nicht mit Hinweisen darauf sparte, daß es durchaus möglich sei, sie sonst zu verlieren), sich der Gefahr bewußt zu werden und sich einer Selbsthilfegruppe von Leidensgenossen (er sah endlich ein, daß er ein unter Spielsucht Leidender war) anzuschließen. Seither weiß er, daß er, genau wie ein Alkoholiker, total abstinent sein muß, und bis jetzt hält er diese Abstinenz peinlich genau ein. Auch sein Bierkonsum ist gesunken: er ist wieder straffer, jünger, beweglicher, treibt Sport.

Das sind realistische »Kämpfe« – aber »kämpfen«, um ein verlorengegangenes Gefühl wiederzuerobern – das ist eine ganz andere Sache. Da wäre Aktivität nur vom Übel. Denn der »Gefühlswechsler« entwickelt von vornherein eine Aversion gegen alles, was ihn »umdrehen« soll. Sein Gefühl hat sich auf eine ganz bestimmte Person konzentriert, und sie aufgeben zu sollen, ist viel schwieriger als der Verzicht auf ein Bedürfnis, dessen Gefährlichkeit man ebenfalls noch mit fremder Hilfe registrieren kann. Wie kämpft man also um einen abhanden gekommenen Mann?

Mit schweigenden Waffen. Es ist brutal, es ist ungerecht, es ist vielleicht sogar unwürdig, es verrät keinen Stolz und es ist wahrscheinlich sogar unwirksam (lauter triste Überlegungen, das gebe ich zu), aber das einzige, was man tun kann, ist: sich ihm so angenehm machen wie möglich. Oder auch unangenehm bis zu jener Grenze, die ihm Respekt einflößt, die ihm imponiert und ihm eine widerwillige Bewunderung abnötigen kann. Wenn man Wert darauf legt, neues Interesse zu erwecken, muß man wieder »interessant« werden. Und das kann man nur, wenn man unbekannte Facetten präsentiert. Das alles, ich sag es noch einmal, kann man natürlich für unter seiner Würde halten – man kann zu »stolz« dafür sein.

Also: schweigende Waffen. Was heißt das im Klartext? Es heißt: wirklich weitgehend schweigen. Nicht »vorwerfen«, nicht weinen, nicht zetern noch klagen. Denn all das erwartet er ja irgendwie, das gehört zu seiner Klischeevorstellung von weiblichem Gebaren. Aber, gib zu, Du willst ihn noch. Warum? Sag nicht, daß Du ihn (noch) trotz allem usw. liebst. Das hat einen großen Knacks gekriegt. Aber er ist alles dieses, was ich jetzt aufzähle (und sicher noch mehr): Brötchengeber, Feuerwehrmann, Helfer, Tröster, Kuschelbär, Bettkünstler, Prestige-Fahnenträger, Vaterersatz, Mutterersatz, Brudererersatz, Schwestererersatz, Kollege, Rivale, Alleinunterhalter, Kumpel, Komplize, Mitwisser, Mitschweiger, König oder Bettler, Koch oder Künstler. Vor allem aber ist er Dein Widerpart. Du brauchst ihn, den Mann, zum Arbeiten, zum Spielen, zum Aktiv- und Trägesein – sie sind, die Männer, die »Objekte«, an denen Du Dich bewähren kannst. Weil sie anders sind als Du, bringen sie Dynamik in Dein Leben und bewahren Dich vor der Spannungslosigkeit, den ewig schwesterlichen, den »typisch weiblichen« Interessen, die den Deinen so beklemmend ähnlich sehen. Werde also jetzt in dieser kritischen Phase – und Du bist in dieser Hinsicht gefährdet – bitte keine Männerfeindin. Du hast ihn verloren, aber da ist kein Grund, die ganze Spezies Mann in Grund und Boden zu schmettern.

Was tun (oder lassen)?

Was ich Dir jetzt empfehle, mag nach »Kochrezept« klingen. Aber das ist die Crux mehr oder weniger aller Denkanstöße, mag man sie noch so vorsichtig formulieren. Was wird man Dir von Freundesseite raten? Zunächst einmal die uralte Masche, die schon viktorianische Eltern ihren Töchtern verordneten: Verreise. Die neue Umgebung wird Dir neue Eindrükke vermitteln, Du wirst abgelenkt. Falsch: Vorab mußt Du Dir merken: es gibt nichts, was Deinen Schmerz abkürzen kann. Die alte konventionelle, auf viele verstaubt und lediglich tradiert wirkende Regel des Trauerjahres gilt auch hier. Vorher kannst Du kaum hoffen zu vergessen. Du weißt zwar rational, daß Du in ungefähr diesem Zeitraum Distanz zu dem Ereignis haben, daß Du wieder Lebensfreude finden wirst. Aber dieses theoretische Wissen nützt Dir nichts.

Wirf also in diesem frühen Stadium Dein Geld nicht für eine aufwendige Reise zum Fenster hinaus. Du würdest diese Reise weder genießen noch irgendwelche Kontakte knüpfen. Im Zustand des Leidens ist niemand attraktiv. Du würdest wirken wie eine einmal flatternde, dann wieder grüblerische, finstergesichtige Frau ohne Zentrum.

Hingegen solltest Du eines tun: Dir einen geduldigen Gesprächspartner suchen, der bereit ist zuzuhören, unter Umständen nicht viel zu antworten, der Dich weder mit gutgemeinten Sprüchen abspeist noch Dich gegen den Ungetreuen aufhetzt, nicht versucht, ihn schwarzzumalen und der Deine

Verletzlichkeit respektiert. Denn Du bist in der Tat die meiste Zeit nicht ganz zurechnungsfähig. Du rotierst um Dein Unglück, und die Außenwelt ist weitgehend ausgeblendet. Dein Kummer ist jetzt der größte, den ein Mensch jemals hatte, und niemand kann Dir dessen Ausmaß nachfühlen. Dieser edle Mensch (denn dergleichen durchzustehen, erfordert nicht nur Geduld, sondern auch Selbstverleugnung, also Seelengröße) muß auch bereit und in der Lage sein, Deine Ausbrüche und, noch schlimmer, Deine Tränen zu akzeptieren. Am besten eignet sich dazu eine Freundin, die derartige Querelen, mit denen Du Dich jetzt herumschlägst, hinter sich hat, inzwischen nicht mehr in die Situation der potentiellen Wiederholung gerät, dennoch aber noch nicht so alt, sprich jenseits von gut und böse ist, daß sie sich nicht erinnerte und damit Deinen Schmerz nachvollziehen kann. So etwas hat Seltenheitswert, und man schafft sich seine Freundschaften ja auch nicht gezielt dergestalt an, daß man in solchen Notzeiten jemanden »zur Verfügung« hat. Aber wenn sich ein Mensch auch nur entfernt als Deine private Klagemauer eignet, dann mach ihn dingfest. Du wirst ihn eine Zeitlang nerven – aber tu es ruhig; es wird die Zeit kommen, da kannst Du ihm einen ähnlichen seelischen Rettungsanker zuwerfen. Irgendwann, in schlimmen Situationen, dürfen wir uns alle einmal erlauben, egoistisch zu sein.

Merke weiterhin: Mach einen großen Bogen um die Flaschen und um die Schachtel mit den Schlaftabletten. Arbeite Dich lieber müde – grab den Garten um oder wüte in der Wohnung herum; mach lauter Sachen, die Dich strapazieren, aber strick nicht: das kommt einer Gebetsmühle gleich. Sieh einfach zu, daß Du physisch erschöpft bist. Du wirst abnehmen (ein Trost für spätere ruhigere Zeiten), denn der Appetit ist Dir gründlich vergangen. Es schmeckt ohnehin eine Zeitlang alles wie Stroh.

Diese Tätigkeiten mußt Du vor allem in Tageszeiten verlegen, die Dir das Herz immer schon angerührt haben: am schlimmsten die Stunde kurz vor und kurz nach dem Sonnenuntergang, wo die Welt verschwimmt und sich die Schwermut über Dich legt wie graue Schleier. Die schlimmste Situation, die Du Dir etwa schaffen kannst, ist die des uralten Schlagers: »Wenn die Sonne hinter den Dächern versinkt, bin ich mit meiner Sehnsucht allein ...« Also nicht auf einem Kissen vor der weitgeöffneten Verandatür, wo Du so oft mit ihm gesessen und die ruhigen rauchigen Farben des Westhimmels beobachtet hast und er Dich plötzlich auf den Hals küßte und Du Dich strecktest und Dein Weinglas in einem Zuge austrankst, ehe er es Dir sanft aus der Hand nahm ... Das ist jetzt keine Kulisse für Dich. Guck nicht raus, telefoniere mit irgend jemandem und stell die Waschmaschine an.

Dann irgendwann wird Dir die Idee kommen, Du könntest dies alles beenden durch den ewigen Schlaf. Und jetzt hör gut zu: Viele Menschen haben heute – überflüssigerweise und sehr oft auch illegal, eine Waffe im Haus. Du etwa auch? Wozu? Ein Einbrecher ist, wenn er bewaffnet sein sollte, bestimmt der bessere Schütze. Außerdem: Lohnt es sich denn, so etwas wie Eigentum (das zumeist auch versichert ist) mit der Waffe zu verteidigen? Und wenn es wirklich um Leib und Leben geht? Bist Du auch ohne Waffe eher schutzlos. Wenn ein solches Ding zuhanden ist, knallt es garantiert irgendwann einmal. Da bist Du depressiv, oder Du hast ein Glas zu viel getrunken oder beides, und schon ist die große Versuchung da, die große Kränkung ein für allemal auszulöschen: den Finger gekrümmt, und aus ist es mit der ganzen Misere. Also schaffe die Waffe aus dem Haus. Du benutzt sie eines Tages bestimmt im falschen Moment. Versuche, Dir Erfolgserlebnisse zu verschaffen. Schaff Dir eine Leistung, um die Du Dich bisher gedrückt hast. Zeig Dir selbst, was in Dir steckt, daß Du noch lebst und daß der Mensch nicht vom Menschen allein lebt, ebensowenig wie vom Brot. Schaff Dir die Tröstungen der Literatur und der bildenden Kunst (aber die Musik laß eine Weile weg; sie bringt Dir Emotionen, denen Du vorerst nicht gewachsen bist).

Aber suche jetzt nicht den großen »Sinn« oder die (gutgemeinte) karitative Tätigkeit oder was auch sonst altruistisch auf Deine Mitmenschen gerichtet ist: Dafür bist Du noch zu ausgeliefert, zu sehr auf Dich und Deinen Kummer fixiert und damit belastet, bist Du kein »Helfer« mit der nötigen Reife und Gelassenheit. Du würdest Deine Mitmenschen überfahren, Dich ihnen aufdrängen und sie als Kompensationsobjekt mißbrauchen.

Lies zum Beispiel. Etwa Biographien sogenannter großer Frauen. Überzeuge Dich, wie teuer sie die Farbigkeit ihres Daseins, ihren Erfolg, ihre Beziehungen zu oft genug genialen Männern (Egozentrikern) haben bezahlen müssen. Wie sie, die scheinbaren Glückskinder, genau die gleichen heißen bitteren Tränen geweint haben wie Du auch, wie man sie genau so verlassen hat wie Dich.

Eines Tages hast Du die erste Phase, die der nackten Verzweiflung, hinter Dich gebracht. Du merkst die ersten Anzeichen von Erholung.

Diese zweite Phase ist fast noch gefährlicher als die erste. Du neigst nicht mehr so stark zur unmittelbaren Selbstzerstörung: sterben wollen, Alkohol, Tabletten – Du neigst eher zu einer verschleierten Form derselben, die jedoch gleichfalls Deine seelische Balance erheblich stört. Du mußt Dir bestätigen, daß Du noch begehrt wirst, und das macht Dich zu einem höchst unsicheren Wähler. Mach Dir nichts vor: eigentlich wählst Du gar nicht, sondern Du läßt etwas zu, was Du bei klarem gesteuerten Verstand Dir nie erlaubt hättest. Du läßt Dich aufgabeln, und Du hast ziemlich schnelle gedankenlose sexuelle Kontakte. Natürlich gerätst Du nicht völlig außer Kontrolle, aber es passieren doch Dinge, die Dich noch Jahre später, wenn sie Dir plötzlich einfallen, erröten lassen werden.

Investitionen – Fehlinvestitionen?

Du trittst in die dritte Phase ein. Dir ist jetzt klar, wie endgültig leer diese Beziehung geworden ist: nichts mehr daraus zu schöpfen. Nicht einmal die Erinnerung an freundlichere Zeiten, die es ja auch gegeben hat. Sie würde Dich zu sehr schmerzen. Statt dessen machst Du eine Rechnung auf. Vielleicht zum erstenmal machst Du Dir Gedanken über das Problem Geben und Nehmen. Vielleicht hat das für Dich nie eine Rolle gespielt, aber jetzt ist die Frage einfach dran.

Weil dies das einfachste und zugleich scheinbar tröstlichste Vorgehen ist, greifst Du nach gängigen Klischees. Was sagen die Leute in solchen Fällen? »Einer liebt immer mehr als der andere«, oder: »Wer mehr gibt, bleibt auf der Strecke«.

Schmink Dir das augenblicklich ab; es könnte sich sonst festsetzen und Deine Zukunft in eine falsche Richtung steuern. Sind Liebe und Zusammenleben meßbare Gegenstände? In der Wissenschaft gibt es ein unverbrüchliches Gesetz: Die Methode muß dem Gegenstand angemessen sein. Du tätest gut daran, dies für Deine eigene Einschätzung dessen, was Dich betroffen hat, zu übernehmen. Was sich zwischen zwei Menschen ereignet oder nicht ereignet hat, ist nicht in Meßwerten und vor allem nicht in Geld auszudrücken. Mit Sicherheit hast Du auch, wenn wir also schon dieses Gegensatzpaar Geben – Nehmen akzeptieren wollen, nicht nur gegeben – wie Dir das fälschlich jetzt erscheinen will –, sondern auch genommen. Deine Gefahr ist es jetzt, daß Verlust und Kränkung Dir suggerieren wollen: Du hast investiert, falsch, zu viel, und Deine Investitionen sind auf ewig verloren. Nun ist es an der Zeit, sich realistisch zu erinnern und Dir eine Reihe von Fragen zu stellen. Warst Du nicht glücklich, lieben zu können? Hattest Du Dich nicht eine Zeitlang sehr gefürchtet, in der Gesellschaft der Isolierten gefangen zu bleiben? Zu denjenigen zu gehören, die »nie der Strahl der Liebessonne trifft« (so schrieb es Alexis, 15, mit leichtem Plagiat in ihr Tagebuch, das sie mir als erwachsene Frau zeigte)? Hast Du nicht gewußt, daß Liebe immer, ja wirklich immer, gleichzeitig Risiko ist, daß es die risikofreie Liebe nicht gibt außer in Trivialromanen, und wenn Du den letzteren geglaubt haben solltest, dann mußt Du es jetzt auf Dich nehmen, aus Deinen naiven Illusionen aufzuwachen. Du hast gegeben, Du hast genommen; laß es dabei bewenden. Ich möchte Dir empfehlen, um schneller mit dieser Phase fertigzuwerden, einmal den paradoxen Versuch zu machen, Dich richtig intensiv in die Abrechnung Deines Verlustgeschäfts hineinfallen zu lassen.

Was eigentlich hast Du alles gegeben, ja geopfert? Deine Kraft, Deine Zeit, Deine Tüchtigkeit, Deine Gesundheit, Deine Treue, Deinen Körper als Lust- und als Arbeitsinstrument. Du hast Dich frustrieren lassen, Du hast eine Menge Bedürfnisse unterdrückt oder doch wenigstens zurückgestellt. Du warst immer *da*, und zwar für ihn. Und während Du voll im See Deines Selbstmitleids badest, kommt Dir hoffentlich endlich in den Sinn: Selbstmitleid ist einer der unproduktivsten Seelenzustände, die es gibt. Du mußt Dich jetzt entscheiden, ob Du Dich zu den haushälterischen Naturen zählen willst, die ihre Gefühle, ihre Lebenskraft, ihre Zuwendung wohldosiert in kleinen Portionen zuteilen und peinlich darauf bedacht sind, möglichst Zug um Zug die Gegenleistung zu erhalten – oder ob Du eher zu jenen gehörst, von denen jemand mal gesagt hat: »Leben heißt, sein Herz verbrauchen.« Was ich meine, sollen zwei Kurzportraits von Frauen verdeutlichen, wie sie von Menschen ihrer nächsten Umgebung entworfen wurden.

Wenn man von Anja etwas wollte – eine schlichte »Anhörung« eines Problems, sie umarmen, mit ihr verreisen, was auch immer: man hatte zunächst einmal mit ihrem Gesichtsausdruck zu kämpfen. Sie sah einen völlig unbeteiligt an, beinahe so, als hätte sie gar nicht verstanden, was man von ihr wollte, und der leicht indignierte Zug war nicht zu übersehen. Sie war zum Beispiel durchaus imstande zu sagen: »Mach's kurz bitte«, oder: »Können wir nicht morgen darüber reden; ich bin jetzt nicht aufgelegt«, oder: »Ja gut, ich begleite Dich, aber nur, wenn Du den Wagen fährst, und zwar die ganze Strecke. Ich hab das Autofahren unheimlich satt.« Sie konnte auch von einem Buch aufsehen und ganz unvermittelt sagen: »Eigentlich hast Du mir schon lange nichts mehr mitgebracht. Wo ich soviel für Dich tue, könntest Du ruhig etwas aufmerksamer sein.« Das war so ihre Art, einem deutlich zu machen: »Glaub ja nicht, daß ich mich für Dich aufopfere (was im übrigen von ihr gar nicht erwartet wurde), und verlange bloß nicht zu viel von mir; ich bin ich, und ich bleibe ich.« So hatte sie die Situation fest im Griff, ganz wie ein klug disponierender und organisierender Handelsherr. Aber herzensklug war sie nicht.

Gabi hingegen wird so beschrieben: Sie war eher vom Typ »Verschwenderin«: spontan, großzügig, großherzig. Sie hatte diesen unglaublich schönen Humor jener Leute, die kein Kalkül machen, von denen Du Dich seelisch nicht übers Ohr gehauen fühlst und die – ganz wichtig – Deine Fehler großmütig verzeihen können, und zwar wirklich verzeihen, ohne diese Reserve im Hintergrund, die dann eines Tages doch gleichsam eingeklagt wird. Sie ist genau der Mensch, der mit vollen Händen investiert, nicht leichtsinnig, nicht fahrlässig, nicht mit der Lust am sogenannten Ausgebeutetwerden und nicht aus dummer Gutmütigkeit und schließlich auch nicht, um als die »größte« dazustehen, sondern einfach, weil sie zu nobel ist, um ständig zu fragen: was springt dabei für mich heraus?

Frage Dich also, mit welcher dieser beiden (natürlich etwas idealtypisch überzeichneten) Frauenfiguren Du Dich eher identifizieren kannst. Gelingt es Dir, Dich Gabi anzunähern, so hast Du wahrscheinlich die größere Chance, Dich offen zu halten für die Probleme anderer, um die Du Dich eines Tages wieder wirst kümmern können und müssen. Die Fixierung auf Deine vermeintliche »Fehlinvestition« hingegen bringt Dich in die Gefahr, Dich abzukapseln, verbittert, verkrampft, steril zu werden und damit Barrieren zwischen Dir und Deiner Umwelt aufzurichten.

Es gibt noch einen weiteren Grund, dieses Denken in Investitionen nicht zu sehr zu kultivieren. Ich sprach schon von der Erinnerung, der positiven, die Du jetzt noch nicht mobilisieren kannst. Noch kannst Du phantasierend nicht vorwegnehmen, wozu Du eines Tages wieder gelangen wirst: die Vergangenheit, die jetzt wie mit lauter spitzen Stacheln besetzt zu sein scheint, wieder ruhiger, entspannt und mit schärfer gewordenen Augen in den Blick zu nehmen. Dann steht Deine Geben- und Wiederkriegenhaltung diesem Vorgang wie ein dicker lästiger Block im Wege.

Das alles heißt nicht, daß Du Deine materiellen Ansprüche nicht ausfechten solltest – aber das ist ein anderes Kapitel.

Die allertraurigste Rolle

Du erinnerst Dich, daß ich Dir das Lesen von Lebensbeschreibungen berühmter und dennoch verlassener Frauen empfahl. Die psychologische Absicht: in der Feststellung, daß wir Betroffene eines Kollektivschicksals sind, daß unser Schmerz nicht der einzige dieser Welt ist, kann sehr viel Tröstung liegen. Es gibt, wie wir alle wissen, eine große Zahl von Frauen, die das Problem des Verlassenwerdens immer wieder gleichsam in der Nußschale vorgeführt bekommen. Marion sagt dazu: »Ich habe eine Kollegin, die ich nie so recht wahrgenommen habe, aber im Laufe der Zeit sind wir Freundinnen geworden, denn wir haben entdeckt, daß uns das gleiche Problem verbindet: eine Beziehung zu einem verheirateten Mann. In letzter Zeit diskutieren wir immer öfter, ob man sich seelisch so etwas überhaupt leisten sollte, mal ganz abgesehen vom Gewissen, das einen schließlich immer wieder zwickt. Unterm Strich bleibt es eine der miesesten Rollen, die man sich überhaupt zumuten kann. Wir beiden Frauen haben mal eine Liste gemacht – eine elende Selbstquälerei –, aber wir wollten es mal wissen und festhalten. Guck Dir mal an, was dabei herausgekommen ist!«

Und so sieht die Liste aus:

1. Mit Deiner Zeiteinteilung mußt Du Dich völlig nach ihm richten.
2. Es gibt unabweisbare Prioritäten, hinter denen Du strikt zurückstehen mußt. Er darf sich nicht auffällig machen, sonst

ist die Beziehung sofort gefährdet. Frau und Kinder »besetzen« ihn also immer vorrangig. Das übertreibt er sogar ein bißchen, denn als pflichtbewußter Familienvater, der ein Doppelleben führt, hat er ständig ein schlechtes Gewissen. Wohlgemerkt: nicht Dir gegenüber. Denn Dir hat er ja nichts versprochen.

3. An allen Feiertagen bist Du natürlich allein. Hast Du etwa gedacht, er würde eine komplizierte Ausrede erfinden, um Dich zu sehen? Ach, dazu ist er gar nicht in der Lage und, noch schlimmer, er bringt auch gar kein Motiv dazu auf. Er begreift auch nicht, daß es Dich unendlich trösten und über die leeren Runden bringen würde, wenn er anriefe. Du mutest ihm ja gar nicht zu, eine Telefonzelle zu beschleichen wie ein Bankräuber, der die Öffentlichkeit scheut und nicht erkannt werden darf. Die Technik in seinem teuren Einfamilienhaus würde ohne weiteres ein Gespräch vom Zweitapparat erlauben, aber obwohl er vielleicht technisch sehr versiert ist, befällt ihn anscheinend eine Art von magischem Denken: so als könnte der Geist seiner Ehefrau plötzlich aus dem Apparat springen. Obwohl also »abhörsicher«, fühlt er sich, so absurd das ist, keineswegs so. Also bleibt Dein Telefon stumm. Aber Du hoffst trotzdem. Statt dessen lernst Du, daß ein schweigendes Telefon eine gräßliche Sache ist, und während Du auf dieses tote Ding starrst, kommst Du Dir vor wie die letzte Idiotin. Möglicherweise bist Du das sogar. Aber Du ziehst keine Konsequenz daraus.

4. Natürlich erzählt er Dir viele falsche Sachen, die Dich beschwichtigen sollen. Z. B. der Geburtstag seiner Frau bedeute ihm gar nichts; lästige Pflicht, natürlich müsse man ein paar Leute einladen, aber das seien ihre und nicht seine Freunde. Er mache dabei nur die ganz unerläßlichen Honneurs. Und Geschenke? Nein, wieso denn. Das habe man sich längst abgewöhnt. Auch sie schenke ihm nichts mehr zum Geburtstag. Klar, in einer solchen Ehe, tot wie ein toter Hund. Sagt er. Du glaubst es. Denn er liebt Dich ja. Und »sie« behält er vorerst nur, weil er den Dreh noch nicht gefunden hat, sie endgültig loszuwerden.

Eines Tages sitzt Du beim Frisör. Neben Dir nimmt eine sehr attraktive Frau Platz. Mitte Dreißig vielleicht, also etwas älter als Du, sehr gepflegt, schick, selbstbewußt. Sie könnte Dich interessieren. Sie plaudert lässig mit der Frisöse, streckt die schmale, auffallend schöne Hand aus. Du hörst, wie sie mit ihrem Namen angesprochen wird, und Du stutzt: Das ist doch sein Name, der unverwechselbare, den es in dieser Stadt nur einmal gibt? Plötzlich erfaßt Du: Das ist »sie«. Du denkst, einer solchen Frau kann man doch nicht überdrüssig sein. Die Frisöse sagt: »Was für ein wunderschöner Ring, gnädige Frau«, und Du hörst eine sehr sympathische Stimme: »Ein Geburtstagsgeschenk meines Mannes.« Du schaust sie an; im gleichen Augenblick tut sie das auch. In ihren Augen steht kein Erkennen – wenigstens das nicht; sie weiß (noch) nicht, wer Du bist. Aber Du fühlst, daß Du die Farbe gewechselt hast, und Du verläßt den Salon wie jemand, der auf der Flucht ist.

Am Abend aber beherrschst Du Dich und Du sagst auch nichts, als er sich wundert, daß Deine Zärtlichkeit heute sehr verhalten ist. So viel hast Du schon gelernt: nicht Du darfst vom Thema »Deine Frau und deine Kinder« anfangen. Das ist für ihn reserviert.

5. Vor allem aber darfst Du ihn nicht fragen, ob er noch mit ihr schläft. Vage hat er einmal etwas von getrennten Schlafzimmern gemurmelt. Aber in seiner Ferienwohnung, da haben sie aus Platzgründen ein gemeinsames Schlafzimmer. Einmal ist ihm entschlüpft: »Sie hat so erschreckend abgenommen; ich weiß gar nicht, hoffentlich ist das keine Krankheit. Du solltest sie mal nackt sehen; man kann richtig die Rippen zählen!« Da hättest Du ihn schlagen können, weil er nicht einmal merkte, was er da sagte.

Von da an bist Du die Angst nicht mehr losgeworden, es könnte Dir so gehen wie Deiner Freundin Angela, deren verheirateter Geliebter ihr gestand, daß seine Frau ein weiteres Kind von ihm erwarte: »Weißt du, es hat sich so ergeben. Ich wollte sie ja nur beruhigen, damit sie keinen Verdacht schöpft. Wenn ich überhaupt nicht mehr mit ihr geschlafen hätte, dann wäre ihr klargeworden, daß es eine andere Frau gibt. Und dann hätte sie angefangen, mir nachzuspionieren und wäre mit Sicherheit auf dich gekommen, und das wollte ich dir ersparen.« Wie edel, wie rücksichtsvoll! Angela war schweigend aufgestanden und hatte die Wohnungstür geöffnet. Er stotterte herum, das ändere doch im Grunde nichts und Angela möge vernünftig sein, aber dann ertrug er ihr schreckliches Schweigen nicht mehr und ging wirklich.

6. Du mußt Dich gesellschaftlich weitgehend isolieren. Er könnte ja mal ganz unverhofft anrufen, einen ganzen langen Abend oder sogar eine ganze Nacht Zeit für Dich haben, und das willst Du nicht verpassen. Außerdem sieht er es nicht gern, wenn Du mit anderen Frauen zusammen bist (mit Männern natürlich schon gar nicht. Deine Kollegen, die Dich früher auf ein Glas einluden, sind für ihn allesamt rote Tücher). Denn, so denkt er, Frauen erzählen einander dauernd ihre Liebesgeschichten, und sein Name darf natürlich nie fallen. Also ist er tief zufrieden, wenn er Dich sicher in Deiner Behausung weiß, milde beschäftigt mit Lesen, Fernsehen, Stricken, Hausarbeit usw. usw., seiner kostbaren und zeitlich wohlbemessenen Gegenwart harrend. Die er natürlich nicht vorhersagen kann. –

Wir haben diese Liste, die nicht sachlich registriert und die so deutlich auf traurigen und bitteren Emotionen aufgebaut ist, diskutiert. Wir sind uns schließlich einig geworden: das einzige wirkliche Mittel gegen das unweigerlich fortschreitende Unglück wäre dieses: principiis obsta – wehre den Anfängen.

Aber wir haben uns auch deutlich gemacht: Menschen, die das fertigbringen, gibt es kaum. Die meisten geben ihren scheinbar einmaligen Gefühlen nach. Das sind durchaus nicht etwa kaltblütige und gewissenlose Ellenbogennaturen. Da wird sehr wohl die Frage gestellt: Und was sagt das Gewissen dazu?

Nun, da gibt es eine Menge Tricks, mit denen man die Stimme des Gewissens nahezu völlig zum Schweigen bringen kann. Sprüche, Pseudoerkenntnisse, von denen man ahnt, daß sie kaum stimmen können, aber das verdrängt man, und so erfüllen sie hinreichend ihre beschwichtigende Funktion.

Z. B.: wir lieben uns eben; es ist stärker als wir, da kann man nichts machen; seine Ehe war schon lange kaputt. *Er* war es ja, der mich absolut haben wollte und der den ersten Schritt getan hat. *Ihr* nehme ich nichts weg. Wenn ich ihn recht verstanden habe – so deutlich hat er das allerdings nicht ausgedrückt –, ist sie erotisch eine Niete. Er vernachlässigt sie ja auch nicht direkt. Vor allem geht es ihr materiell sehr gut, und ich nehme ja nichts von ihm an: höchstens mal Blumen, ein Buch oder das Hotel, wenn wir verreisen. *Sie* hätte sich eben mehr Mühe um ihn geben müssen. Kein Mann läuft weg, wenn eine Frau wirklich für ihn da ist. Sie passen auch gar nicht zusammen: Sie ist zu alt, zu dick, zu unhübsch, sie hört nie zu, wenn er ihr aus dem Geschäft erzählt. Sie kann seine Hobbys nicht leiden. Sie wird gut mit den Kindern fertig, und das ist schon alles. Also: sie hat diesen Mann gar nicht verdient.

Das Gewissen also liegt am Boden; man hat es erfolgreich niedergeboxt. Bis einem eines Tages klar wird, daß man uralte Klischees übernommen oder eigene freundliche Illusionen konstruiert hat, die eines Tages wie Seifenblasen platzen werden. Du Gans, wird man sich eines Tages sagen müssen: noch nie etwas davon gehört, daß in der Tat ein Mensch zwei oder auch mehrere Menschen gleichzeitig lieben kann (wie immer man diese Art von Liebe auch definieren mag). Er hat sich partiell für Dich entschieden, das ist richtig, aber Du hast nicht sehen wollen, daß der Ton auf eben diesem partiell liegt. Die »andere«, die »eigentliche«, die Frau an seiner Seite – sie wird Dich trotz allem ständig wie ein Schatten begleiten, sofern er sich nicht ganz für Dich entscheidet. Wenn Du die Hoffnung hast, er werde daheim ausziehen und sich endgültig zu Dir bekennen, und diese Hoffnung hat sich, sagen wir etwa nach einem Jahr, immer noch nicht erfüllt, dann tust Du am besten daran, dies immer kleiner werdende Licht Hoffnung kurzentschlossen auszublasen. Wenn Du dann immer noch starke Nerven, Frustrationstoleranz, Geduld, die Fähigkeit, Dich mit Brosamen zu begnügen, besitzt und Dein Gewissen Dir den Gefallen tut, nicht aus seinem Scheintod zu erwachen, dann mach so weiter. Aber täusche Dich nicht: Du bist der

Mittäter. Für alles, was in diesem Spiel geschieht (und meist gerät es zum Schluß zum Trauerspiel) bist Du mitverantwortlich. Natürlich hat er nach guter alter Väter Sitte als Mann den ersten Schritt getan. Und Du kannst nur hoffen, daß Deine Rivalin, wenn sie irgendwann einmal Deine Existenz wahrgenommen hat und wenn sie Dich wahrscheinlich hassen wird, dies zu Deinen Gunsten bedenkt.

Er ist auf Dich zugekommen, gewiß, aber Du hast ihn aufgenommen und angenommen. Und Du hast, wie dies eine unserer Gewährspersonen in ihrem Bericht deutlich zum Ausdruck gebracht hat, vielleicht ebenfalls an diesen Unsinn geglaubt: eine Ehefrau betrügt man, eine Geliebte nicht. Du hast Dich in Sicherheit gewiegt und hast bitter erfahren müssen: die einzige Sicherheit, die es für Dich in einer solchen Situation gibt, besteht darin, daß Du Dir Deine unabhängige Entscheidungsfreiheit bewahrst.

Eine weitere Antwort an die »Betrogene«, Ehefrau oder Geliebte

Es könnte sein, daß Du das Gefühl hast: bis jetzt hat die Autorin auf meinen doch so schweren Kummer allzu locker geantwortet. Versteh bitte, daß ich Dich sanft auf die bitter schmeckende, aber äußerst wirksame Möglichkeit der Selbstironie bzw. der unterkühlten Distanz von Dir selbst wenigstens aufmerksam machen wollte. Wir alle sind gefährdet, uns in solchen Lagen zu tragischen Figuren hochzustilisieren, ins Pathos zu verfallen und zu vergessen, daß ein solches Schicksal, ich sage es nochmals, von Abermillionen geteilt wird, die nahezu das gleiche empfinden.

Aber irgendwie hast Du auch recht. Wenn dieses alte Spiel von Suchen und Finden, von Binden und Loslassen sich dramatisch aufgipfelt, dann kann es an die Wurzeln Deiner Existenz gehen. Du fragst: Gibt es denn gar keine Vorsorge? Doch, es gibt sie. Du darfst sie nicht außerhalb Deines Ichs suchen. Du findest sie nahezu allein in Dir selbst.

Wenn Du also wirklich lernen willst, mit unausbleiblichen Enttäuschungen umzugehen, dann versuche, einige Deiner Einstellungen, Deiner Haltungen zu überprüfen. Die wichtigste Erkenntnis, die Du brauchst, ist diese, daß menschliche Gefühle, auf die wir hoffen und aus denen wir unsere Lebenskraft glauben schöpfen zu müssen, nicht stabil sind. Die Unwandelbarkeit der Gefühle ist nichts als ein Wunschtraum. Gefühle sind oftmals wie vorübergehende Himmelsfärbungen. Du kannst sie wahrnehmen, aber beeinflussen kannst Du sie nicht. Während Du dies in Dein Bewußtsein aufnimmst und Dir verbietest, auf Wunder zu warten, erkennst Du, daß dies ein sehr einsamer Prozeß ist, bei dem Dir andere wenig Hilfe geben können.

Stichwort Einsamkeit: Wenn Du wirklich mögliche künftige Schmerzen im vorhinein im Bereich des Erträglichen halten willst, dann mußt Du Dich darum bemühen zu lernen, allein und trotzdem nicht unglücklich zu sein. So ziemlich die schwerste Aufgabe, die ein Mensch für sich und seine Lebensführung lösen kann.

Was brauchst Du dazu? Du brauchst zunächst einmal den Frieden mit Dir selbst. Diesen Frieden findest Du nur, wenn Du in der Lage bist, Dich selbst zu akzeptieren, ja, Dich selbst zu lieben, ohne in jenen Narzißmus zu verfallen, der Dich zu einem wenig liebenswerten Wesen machen würde. Wie wir alle, bist Du durch die Prägungen Deiner frühen Jahre gezeichnet. Das wird Dir die Selbstfindung nicht gerade erleichtern. Aber wenn Du erst einmal weißt, was Du kannst und was Du nicht kannst, wofür Du leben möchtest und wofür nicht, womit Du Dich identifizieren kannst und womit nicht, dann kannst Du Dein Ich realistisch einschätzen und dann weißt Du, wer Du bist. Du kannst die Hoffnung haben, daß Du weder ständig nach der Bestätigung durch andere lechzen noch unter den Nadelstichen oder Keulenschlägen, die Dir die Umwelt versetzen wird, unangemessen leiden mußt und daß Du ständig mit Selbstwerterschütterungen und Krisen zu kämpfen hast. Denn wir alle geraten leicht in die Gefahr, auf diesem Kampfplatz Kräfte zu vergeuden, die wir in anderen Bereichen besser anwenden können. Denn, um dieses kostbare Ding zu lernen – Einsamkeit erleben und nicht leiden – wirst Du sehr viel Kraft brauchen. Aber ihr Einsatz lohnt sich, denn dies mindert Deine Verwundbarkeit.

Kann man das denn üben, fragst Du, und Du fragst es mit Recht. Man ist dazu (selbstverständlich) nur begrenzt fähig und auch nur dann, wenn man sich entschließen kann, hart gegen sich selbst zu sein und zu bleiben. Du müßtest also gegen Deine eigentlichen Wünsche arbeiten. Du hungerst nach Zuwendung und nicht nur das, Dir ist, als brauchtest Du die Zweisamkeit wie die Luft zum Atmen. Das mußt Du Dir verbieten. Sag Dir: heute *will* ich allein sein. Tu das an Tagen, an denen einem ohnehin die Decke auf den Kopf zu fallen droht – an grauen Novembertagen, an einem Feiertag, wo alle in Gemeinsamkeit machen. Geh in ein Restaurant und iß ein erlesenes Menü allein für Dich, wobei Du Dir die Tarnung eines Aktenkoffers (Image der alleinreisenden Karrierefrau) versagen und auch nicht zwischen den einzelnen Gängen ein Zeitungsblatt vor Deine Nase halten wirst. Hör nicht auf die albernen Klagelieder derer, die behaupten, wenn Du allein bist, wirst Du unweigerlich am Katzentisch landen. Wenn Du gelassen und selbstbewußt auftrittst, wird das niemand wagen, und wenn dich jemand anstarrt, schaust Du ruhig zurück. Mach Dich also bewußt immun gegen Verfolgungsideen, wie sie sich Dir aufdrängen wollen: alle denken jetzt, mit der kann nicht viel los sein, sonst erschiene sie in Begleitung.

Betreibe also ganz bewußt das, was man Ich-Stärkungstraining nennen könnte. Dazu brauchst Du keine an irgendeinem mehr oder weniger durchdachten Konzept orientierte therapeutische Richtung und keinen etablierten Therapeuten, es sei denn, Du fühltest Deine seelischen Schwierigkeiten zu einem solchen Leidensdruck geraten, daß Du meinst, ohne therapeutische Hilfe nicht auskommen zu können. Sonst aber brauchst Du nur Dich selbst und etwas Mut zum Experiment, in dem Bewußtsein, daß die Welt nicht untergeht, wenn Du Dich beim ersten Alleinsein-Versuch noch abscheulich fühlst.

Ich sprach schon einmal, allerdings in einem spezielleren Sinne, von den Tröstungen der geistigen Welt. Du bist nie allein, wenn Du eine Auswahl dessen um Dich versammelst, was andere Dir »vorgedacht«, »vorgemalt«, »vorkomponiert«, »vorgebaut« usw. haben. Schaff Dir Vorfreude auf Dein Alleinsein. Du stehst beispielsweise in einer Buchhandlung, schnupperst einige Zeilen eines Werkes, was auch immer Dich am Titel, der Aufmachung oder dem Autor angezogen hat. Du merkst: Du wirst Dir, zwischen den Buchdeckeln eingeschlossen, einen äußerlich einsamen, aber innerlich prall angefüllten Tag mit nach Hause tragen. Du wirst diesen Tag entspannt und dennoch mit Selbstdisziplin verbringen. Du wirst nicht ungeduscht und in einem uralten Morgenmantel herumgammeln. Du wirst weder in eine einsame Freß- noch Trinkorgie verfallen. Lässig, aber mit Haltung, das heißt so, als ob Du Dich jederzeit einem unangemeldeten Besucher würdest präsentieren müssen, wirst Du Dich durch Deine Alleinseinübung bewegen. Du wirst die Denkanstöße, die Du jetzt erhältst, nicht zum Entwurf von Sehnsuchtsträumen benutzen, sondern zur Beobachtung und zum Selbstverständnis der Emotionen und Reflexionen, deren Du fähig oder deren Du nicht fähig bist. Du hast jetzt die Chance zu erkennen, daß Du kein träumendes Kind bist, sondern ein mündiger und deshalb freier Mensch. Bau Dir einen Turm Deiner Phantasie, aber ihn nicht so hoch, daß Du unweigerlich von ihm abstürzen müßtest.

Geh einmal durch Deine Behausung. Sie sagt sehr vieles über Dich aus. Was verrät Dein Ambiente über Dich? Was hast Du gleichgültig auf Dich zukommen lassen, was hast Du voreilig, unkritisch gestaltet, wo hast Du Dir etwas aufdrängen lassen und Dich nicht genügend gewehrt? Was dient dem Mitschwimmen im großen Strom, Deinem Prestigedenken, was zeigt Dir die Verkennung der eigenen Grenzen? Du merkst: das entschlossene Alleinsein liefert Dir nicht nur die Chance, Zwischenbilanz zu ziehen, sondern auch die Möglichkeit, aus eingefahrenen Gleisen herauszuspringen.

Ich weiß von einigen Frauen, die ihre Zwischenbilanz auf ihre Weise gezogen haben. Sie haben sich mit Kurzcharakterbildern überwundener Männer ihres Lebens geholfen. Ja, schreib es doch einmal auf. Du befreist Dich aus vagen Denkgestalten und aus formlosen Affekten, wenn Du Dich zur wörtlichen Rede zwingst.

Katharina sagt: »Neulich habe ich Malte getroffen. Man sah ihm an, daß er zu viel trinkt. Und er redete ohne Punkt und Komma. Nur von seinen Erfolgen. Und wie gut geraten seine drei Söhne sind. Natürlich hat er nur Söhne. Mit denen kann man doch viel mehr anfangen. Ha, ha. Die Vorstellung, ich hätte diese drei Söhne eines aufgeblasenen Wichtigtuers bekommen, macht mir noch nachträglich eine Gänsehaut. Wie froh ich bin, dem entronnen zu sein. Wenn ich an die Zeit denke, in der er für mich *der* Mann war, sehe ich eine Fremde vor mir. Nicht mehr zu fassen.«

Eva-Maria: »Andreas hat mich neulich angerufen; er wollte irgendeine Adresse. Ich habe seine Stimme nicht wiedererkannt – diese Stimme, die mich früher förmlich elektrisierte, wenn er nur den Mund aufmachte. Vorbei, vergessen. Aber mich hat das doch erschüttert – wie unglaublich gleichgültig einem werden kann, was einmal Zentrum des Lebens zu sein schien.«

Almuth: »Neulich tippte mich jemand in einem Geschäft auf die Schulter. Es war Peter. Er hatte sich kaum verändert. Die Frau an seiner Seite: ein liebes, gutmütiges, unschickes Muttchen. Das also ist sein wahrer Geschmack, deshalb hat er mich immer eine coole Intellektuelle genannt und ist schließlich geflüchtet, dachte ich. War ich in der Tat eine Nummer zu groß für ihn? Damals war ich meiner Liebe wegen bereit, meine Ansprüche an mich selbst drastisch zu senken. Ich hätte alles getan, und ich habe tatsächlich vieles versucht, um mich ihm anzupassen. Ein Glück, daß er diese aberwitzige Unterwürfigkeit, zu der ich mich entschlossen hatte, nicht glauben konnte. Er hat da den besseren Instinkt gehabt als ich selbst. Ich denke heute, eine Ehe zwischen uns wäre schon bald gescheitert.«

Ich stelle mir vor, es lassen sich bei Dir Parallelen finden, Fälle, bei denen Du Dir sagen wirst: ich bin noch einmal davongekommen. Was sich zunächst als Verlust darstellt, ist in Wirklichkeit nicht immer Verlust, sondern Gewinn.

Was ist Partnerschaft?

Fragen wir uns zunächst einmal: woraus kann auf keinen Fall eine krisenfeste Partnerschaft entstehen? Es gibt einige weibliche Motive der Partnerwahl, die mehr oder weniger direkt in die Misere führen. Einige davon wurden schon hier und da angesprochen, ich fasse sie noch einmal zusammen und ergänze sie.

1. Du wolltest endlich »Frau« sein. Du, die sich für emanzipiert hält, hast dennoch darunter gelitten, daß Dir der vermeintliche Qualitätsnachweis, ich bin eine verheiratete Frau, immer noch gefehlt hat. Ehe ohne Trauschein – das war nichts für Dich. Nicht daß Du den ersten besten genommen hättest, nein. Aber Du brauchtest in erster Linie den heiratswilligen Partner, und zufällig gab es da gerade keine große Auswahl.

2. Irgend etwas an Deinen bisherigen Lebensumständen hattest Du gründlich satt. Vielleicht wolltest Du aus einem muffigen Elternhaus heraus, aus Deiner kleinen tristen Stadt, aus dem langweiligen Bekanntenkreis.

3. Ganz ähnlich wie Punkt 2: Du suchtest nach einer bestimmten Lebensform: Frau eines Arztes, Künstlergattin, Frau eines Beamten (die Pension!) oder die eines Kollegen. Du wolltest am Wasser wohnen oder einen großen Garten haben oder ein Bauernhaus.

4. Du wolltest endlich Deinen Sex legalisieren. Dieses Herumschlafen wurde Dir immer mehr zuwider. Du wolltest auch in diesem Bereich gleichsam unter Dach und Fach sein.

Die Ehe würde Dir also ein stets verfügbares Lustdepot bescheren.

5. Du wolltest unbedingt ein Kind oder mehrere. Für diese heißersehnten Ungeborenen brauchtest Du also einen legalen Vater, Du wolltest sie auf keinen Fall allein aufziehen. Und wenn es nicht Dein Wunsch war, sondern sich ein Kind einfach einstellte, dann hast Du um dieses Kindes willen geheiratet, vielleicht überstürzt, vielleicht blindlings, ohne zu prüfen: welche Chancen hat eine derart zustandegekommene Ehe, sich zu entwickeln und zu halten?

6. Du hieltest Dich für die Herrlichste von allen: tüchtig, verläßlich, ehrlich und treu, sauber, sexy usw. Wer also sollte ein solches Wesen nicht wollen? Natürlich mußte dabei etwas herausspringen: die große Belohnung. Herausgesprungen ist tatsächlich: die große Kränkung, wie sie auch in Punkt 1 bis 5 unmittelbar vorprogrammiert ist.

Du hast also eine Menge an Reflexionen diesen Motiven zuliebe verdrängt, etwa nach dem Motto: es wird schon gutgehen. Vielleicht fragst Du mich jetzt: aber die vielen traurigen Beispiele, die du gebracht hast – zeigen sie nicht gerade, daß viele Männer nichts Besseres verdient haben, als daß wir sie unsererseits zu Objekten unserer Bedürfnisse machen? Warum eigentlich sind sie so geworden, wie sie hier präsentiert werden?

Die Geschichte der Männer und warum sie sich so verhalten, wäre eine Geschichte für sich; sie wird hier nicht geschrieben. Ich kann Dir im Augenblick nur kurz dazu sagen: Die Frage, wieso Männer so werden, wie sie in ihren hier dargestellten nicht liebenswerten Anteilen erscheinen, kann Dir bis jetzt niemand wirklich schlüssig beantworten, es sei denn mit einer austauschbaren Ideologie. Eines scheint mir sicher: Wenn Frauen als Mütter oder sonstige Bezugspersonen intensiv an ihrer Erziehung mitgewirkt haben, so macht das Männer allem Anschein nach weder sensibler noch gütiger, noch beständiger, stattet diese Erziehung sie also nicht mit Zügen aus, die Frauen sich selbst so gern zuschreiben, wenn sie sich gegen die Männer abgrenzen. Vielleicht zielen wir hier also gar nicht spezifisch männliches oder weibliches Fehlverhalten an, sondern: drehen wir den Spieß um, so treffen wir weder die eine noch die andere Seite, sondern einen gemeinsamen Kern beider Geschlechter: die Unfähigkeit, den anderen als Menschen mit vielen Bedürfnissen zu erkennen und zu akzeptieren, die beide Geschlechter gemeinsam haben.

Anfang der fünfziger Jahre erschien das berühmte Buch von Simone de Beauvoir »Das andere Geschlecht«, inzwischen eine Art Klassiker und immer noch auf weite Strecken hin aktuell. Sie schließt das Buch mit diesem Satz: »Der Mann hat zur Aufgabe, in der gegebenen Welt dem Reich der Freiheit zum Sieg zu verhelfen. Damit dieser höchste Sieg errungen wird, ist es unter anderem notwendig, daß Mann und Frau jenseits ihrer natürlichen Differenzierungen rückhaltlos geschwisterlich zueinanderfinden.«

Das heißt in einem bestimmten Sinne: Partnerschaft, ein inzwischen erheblich abgewetztes, oft genug gedankenlos benutztes Wort. Versuchen wir es dennoch einmal mit diesem Begriff?

Partner sein, das heißt Teilhaber sein. Teilhaberschaft aber setzt voraus ein weitgehendes Verhalten per Konsens. Dieses Verhalten wird erschwert durch die Tatsache, daß der Mensch das weltoffenste Wesen ist, das es gibt, daß er ständig durch die Aufforderungscharaktere der Umwelt angesprochen und »gereizt« wird, sich interaktiv mit ihnen auseinanderzusetzen. Der mitmenschliche Partner kann ihm dieses Universum nicht ersetzen. Dieses von unseren Glücksideologien suggerierte »Du bist meine Welt« schafft eine gefährliche Irrealität, in der wirkliche Partnerschaft von vornherein zum Tode verurteilt ist. Aber Menschen werden nicht wie Tiere von Umweltreizen in einer Form angemutet, die ihrem Verhalten wenig Spielraum läßt; es liegt vielmehr in ihrer freien Entscheidung, den jeweiligen Reiz nicht als »Reiz« in einem ganz anderen Sinn zuzulassen. Wir erinnern daran, daß wir hier nicht Partnerschaft mit allen ihren möglichen Facetten abhandeln, sondern nur eine beleuchten. In diesem Sinne also sollte eigentlich zwischen Partnern eine Loyalität herrschen, die es verhindert, jedem Verlangen nach Abwechslung, jeder Neugier auf einen anderen Menschen sogleich nachzugeben.

Was bedeutet in diesem Sinne Loyalität? Daß ich eine dauerhafte Identifikation mit meinem Partner geschafffen habe, die nicht jeder Dritte mit leichter Hand aufbrechen kann, daß ich bereit bin, an dieser Identifikation zu arbeiten, mich also nicht blind in sie hineinfallen zu lassen, sie mir vielmehr bewußt zu machen, aber auch ihre äußersten Grenzen abzustecken.

Man kann nicht alles mit dem anderen teilen. Das wäre ein Anspruch, der geraden Weges in die Trennung führen könnte. Jeder bleibt ein einzelner Mensch für sich, und, es muß noch einmal gesagt werden, wir müssen sehen, daß wir viele Ansprüche stellen, die den anderen zwangsläufig überfordern müssen. Daraus keine gegenseitigen Kränkungen zu machen, bedarf es vielleicht weniger der Liebe als einer ihrer Essentials: der Freundschaft, die viel mit dem geschwisterlichen Zusammenfinden zu tun hat, von dem Simone de Beauvoir spricht.

Die Behauptung, wirkliche Freundschaft könne es zwischen Mann und Frau nicht geben, ist bis zum Überdruß immer wieder aufgestellt worden. Die Mann-Frau-Beziehung legiere sich immer mit erotisch-sexuellen Komponenten, die eine überwiegend allgemein menschlich konsolidierte eifersuchtsfreie Beziehung nicht zuließen.

Wenn es denn das Wesen der Freundschaft ist, daß sie (unter anderem, denn dies ist nicht ihr einziges Bestimmungsstück) eine geschlechtsneutrale Beziehung darstellt, dann erscheint reine Freundschaft zwischen Mann und Frau in der Tat als schwierig. Aber nicht, weil man nicht von der Fixierung an die spezifische Geschlechtsrolle loskommen könnte, sondern weil die gesellschaftlichen Rollenmuster kaum Gelegenheit liefern, weiblich-männliche Freundschaften sicher einzuüben. Wie wenig Neigung zeigt doch die Mitwelt, an Freundschaft zu glauben, wenn einen Mann und eine Frau deutlich erkennbare, für beide wichtige Beziehungen verbinden. Solche Beziehungen indessen sind möglich und existent. Ist dies nicht ein Teil der Aufgabe Emanzipation, die *beiden* Geschlechtern gestellt ist? Daß die weibliche Emanzipation von sehr viel mehr Störfaktoren belastet und immer wieder gebremst wird – dieses endlos hin- und hergewendete Thema wollen wir hier nicht ein weiteres Mal plattwalzen. Das Wort Gleichberechtigung wird hier also nur genannt, weil es nicht verwendet wird. Nicht um die Schraube der Emanzipation zurückzudrehen, sondern weil dieser Begriff in einen anderen Kontext gehört. Wir begnügen uns also bewußt mit jenem Teil der Emanzipation, in dem wir solche Denkanstöße brauchen, die uns dazu verhelfen können, unsere fatale Kränkbarkeit durch bessere Interaktion mit dem männlichen Geschlecht und mit uns selbst zu ersetzen.

Ist Anna auf dem Wege dazu? Sie schrieb an den Mann, der sie verlassen hatte: »Es ist jetzt 6 Jahre her, daß wir nicht mehr zusammen sind. Ich habe sie gebraucht, diese 6 Jahre, und ich denke, ich habe sie genutzt. Heute kann ich wieder daran denken, was alles wir zusammen erlebt haben, bevor Du gingst. Wir haben uns geliebt, so dachten wir. Aber es war keine Liebe. Ich habe mich angepaßt, ich wollte immer friedlich sein. Jede Aggression, die sich in mir regte, habe ich unter den Teppich gekehrt. Mitunter hätte ich mir vor Leidenschaft meine Haut abschälen können: hier, nimm sie, wärme Dich damit.

Wir hatten große Phasen der totalen geistigen Übereinstimmung. Wir haben sie genossen, wir kamen uns allen anderen herrlich überlegen vor: wir haben gemeinsam gelacht und stellten uns damit über die übrige Welt. Wir führten auch Machtkämpfe auf, die ich von vornherein mit Lust verloren gab. Wir haben uns über Probleme ereifert und waren auf unsere verschiedenen Meinungen stolz, weil sie uns nicht wirklich trennten. Wir waren ehrlich zueinander und wir haben einander belogen, meist so, wie André Gide einmal gesagt hat: ›Manche Lüge ist ein Notverband; man ahnt das Blut darunter, aber man sieht es wenigstens nicht.‹ Aber eines Tages war dann doch alles zu Ende. Ich habe damals unsäglich gelitten, weil ich Deine Liebe verloren hatte. Bis ich mir eingestehen konnte, auch ich liebte Dich nicht wirklich. Wir hatten uns, so sehe ich es heute, eigensüchtig aneinandergeklammert, einer benutzte den anderen förmlich als Spiegel, nahm ihn nicht wahr, sondern brauchte ihn zur Bestätigung seiner selbst. Wir hatten uns von der Identität des anderen ernährt, weil die eigene zu kraftlos war. Du warst ›mein Mann‹. Welch ein schlimmes Wort. Als ob es das gäbe, dieses Menschsein mit Possessivpronomen, daß alles, was sich da entfalten könnte, sogleich wieder einschränkt durch dieses *mir gehörst Du*.

Vertane Jahre? Oh nein. Wichtige Jahre, Jahre des Lernens, leider im wesentlichen nachher. Nennt man das ›reifer werden‹, falls überhaupt jemand sagen kann, was das ist? Heute denke ich an Dich wie an einen Bruder und wie an einen Freund. Ich könnte sogar wieder mit Dir leben, aber da gibt es inzwischen einen anderen Mann. Nichts ›paßt‹ bei uns, nicht das Alter, nicht die Herkunft, nicht der Beruf, nicht das Geld, nicht die Denkweise. Aber wir leben miteinander, wenn denn leben heißt, immer wieder neue Welterfahrungen machen, die dir die Beschränkung deiner eigenen Existenz immer wieder vor Augen führen und dich dennoch nicht müde werden lassen, einen Sinn in diesem Leben zu suchen. Was mich in dieser Beziehung bewegt, sagt Dir am besten ein Gedicht von Erich Fried. Ich schreibe es Dir hier auf:

WAS ES IST.

Es ist Unsinn
sagt die Vernunft
Es ist, was es ist
sagt die Liebe

Es ist Unglück
sagt die Berechnung
Es ist nichts als Schmerz
sagt die Angst
Es ist aussichtslos
sagt die Einsicht
Es ist, was es ist
sagt die Liebe

Es ist lächerlich
sagt der Stolz
Es ist leichtsinnig
sagt die Vorsicht
Es ist unmöglich
sagt die Erfahrung
Es ist, was es ist
sagt die Liebe

Anna hat einen Kampf bestanden, aber ihr Kampf ist nicht zu Ende. Sie scheint das zu wissen. Hat sie wirklich die Geschwisterlichkeit zu ihrem ehemaligen Partner gefunden? Liebt sie ihren jetzigen Gefährten oder liebt sie die Liebe? Hat sie sich selbst und den »Sinn« gefunden, ist sie weniger oder sogar unkränkbar geworden? Wird sie in der Lage sein, es Werfels »Troerinnen« gleichzutun: »...dies Schicksal nehme ich an meine Brust...«?

Und verlassene Männer?

Nachdem sie »Die große Kränkung« bis zur Seite 120 (mit der sie bisher endete) gelesen hatten, hat eine ganze Reihe von Männern gefragt: »Und wir? Wir leiden doch auch unter dem Verlassenwerden – und zwar heftig!« Daran habe ich nie gezweifelt. Aber dies war (abgesehen von den Kolumnen in einer Frauenzeitschrift und einer Tageszeitung) mein erster Versuch, psychologische Erfahrung ins Allgemeinverständliche zu übersetzen. Bei einem solchen Erstunternehmen ist man noch etwas zaghaft.

Ich will diese Ergänzung nicht mit der gleichen Ausführlichkeit angehen wie die Leiden der Frauen; das würde zu viele Wiederholungen ergeben. Auch auf Fallstudien will ich verzichten. Ich erlaube mir deshalb eine Art der Darstellung, die ich bei einer wissenschaftlichen Publikation sicher nicht wählen würde, weil sie mit Recht innerhalb der modernen, an einer dynamischen und interaktionalen Betrachtungsweise orientierten Psychologie als veraltet gelten muß: Ich stelle Typen dar. Der Leser sieht sich dabei mit Vereinfachung konfrontiert, aber, wie ich hoffe, nicht mit einer naiven, sondern einer, in der psychologische Erfahrung mit vielen Individuen gefiltert, gerafft und damit lesegerecht gemacht wird: in dem bisher beabsichtigten Sinne, lediglich Denkanstöße in bezug auf menschliches Verhalten zu geben.

Ich stelle also lediglich zwei Extremtypen einander gegenüber, die ich »den unreflektiert Leidenden« oder »den reflexiv

Leidenden« nennen könnte. Wir werden sehen: sie stehen zueinander im Schwarz-Weiß-Kontrast. Aber so lange man nicht vergißt, daß dazwischen unzählige Mischformen und feinst nuancierte individuelle Facetten liegen, ist diese holzschnittartige Darstellung, denke ich, angängig.

Die beschriebenen Verhaltensweisen tauchen übrigens ganz unabhängig von der Art der Partnerschaft auf.

Wem insbesondere der »Nichtreflektierende« zu unfreundlich beschrieben erscheint, dem gebe ich zu bedenken: Hier wird nicht mit Schuldzuschreibungen operiert, hier geht es auch nicht darum, Männer zu »verteufeln«, die überwiegend die Produkte einer unverschuldet erlittenen Erziehung sind.

Es ist darauf hinzuweisen, daß der »Stammhalter-Stolz« immer noch in den Köpfen vieler Eltern herumspukt und zu Erziehungsstilen führt, die die tradierten, als klassisch »männlich« geltenden Eigenschaften geradezu heranzüchten und dann sorgfältig pflegen. Vielfach wird der künftige Mann leistungsorientiert erzogen, wird die Kultivierung seiner Gefühle, insbesondere seiner Einfühlung in Frauen und seiner emotionalen Verbalisierungsfähigkeit vernachlässigt. Das rächt sich in der Partnerschaft später oft bitter. Viele Frauen der Gegenwart mögen einfach nicht mehr mit Männern leben, die sich eher als Herrscher gerieren denn als Partner, und sie wollen nicht mehr unter ihrer Sprachlosigkeit leiden.

Die Intensität des Leidens, wenn »die Liebe ins Leere fällt«, ist sicher bei beiden Geschlechtern kaum unterschiedlich. Aber es scheint unterschiedliche Stilformen des Leidens zu geben. Möglicherweise sind viele Männer noch mehr »vor den Kopf geschlagen«, noch fassungsloser gegenüber dem Untergang ihrer Welt als Frauen. Woran könnte das liegen?

Männer nehmen kommunikative Signale oft schlechter und langsamer wahr als Frauen. Sie neigen eher dazu, den Bereich von Partnerschaft und Familie innerlich gewissermaßen als »o. k.« »abzuhaken«, und nicht mehr viel zu investieren, sofern sie den subjektiven Eindruck haben: da »läuft« alles. Gewiß läuft es, aber es läuft schief. Und eben dies wird, wenn überhaupt, dann viel zu spät registriert.

Zunächst aber stürzen sie beide in einen Abgrund – mit dem Unterschied zwar, daß derjenige, der reflektieren wird, konstruktive Möglichkeiten finden wird, wieder nach oben zu kommen, während der andere sehr lange auf dem Boden dieses Abgrunds herumirren wird. Doch zunächst einmal werden sie von einander sehr ähnlichen Gefühlen bewegt.

Sie ist fort: Je nachdem, welche gemeinsame Lebensform man miteinander gehabt hat – die Entfernung ist unüberwindbar. Entweder besteht sie darin, daß sie ihre Sachen gepackt und sich davonbegeben hat (bei sich werden sie es erbittert: »davongestohlen« nennen) oder daß sie sich jeglicher Begegnung entzieht, sich am Telefon nicht sprechen läßt und auch Briefe nur mit einer kurzen Abschiedsfloskel beantwortet (aber schreiben liegt ihm auch eigentlich nicht, er hat ja immer Schwierigkeiten gehabt, sich auszudrücken). Am schlimmsten und quälendsten: Sie teilt noch die gemeinsame Behausung, aber sie bewegt sich in ihr wie eine »möblierte Dame«: kühl, fremd, sorgfältig verhüllt; wenn sie morgens und abends das Bad aufsucht, hochgeschlossen wie auf einem Hotelflur, mit der vertrauten Ungeniertheit ist es vorbei. Sie ist jetzt eine unnahbare Fremde, die ihn noch einmal in alle Qualen einer Neigung stürzt, von der er nicht wie im Anfang (da war es eine eher süße, aufregende Qual) unsicher ist, ob sie erwidert wird – er weiß jetzt nur zu genau, daß da nichts mehr ist – allenfalls und bestenfalls ist er ihr schlicht lästig. Diese Distanz, die sie erzeugt und peinlich einhält, macht sie noch einmal ungeheuer begehrenswert. Er hat jahrelang nicht mehr von ihr geträumt – wozu auch, sie war ja bei ihm, an seiner Seite, greifbar. Jetzt möchte er verzweifelt, wie er ist, förmlich nach ihr greifen; sie regt seine Phantasie aufs lebhafteste an. Er sieht sie also zum Beispiel im Bademantel und stellt sich darunter ihre schönen straffen Brüste vor, an anderes gar nicht zu denken: Er will sich das verbieten, eine Art Phantasie-Stopp machen: Es gelingt ihm nicht. Selbstmitleid macht sich breit, ganz allein abends im Bett schießen ihm die Tränen ebenso in die Augen wie poetische Wendungen durch den Kopf, Worte, von denen er nie gedacht hätte, daß sie ihm in den Sinn kommen könnten: »Das, was mein einst war...« Da liegt sie zwei Zimmer weiter; sie könnte sich ebensogut auf einem anderen Stern befinden. Er denkt daran hinüberzugehen, zunächst einmal nur auf sie einzureden; er hat das Gefühl, eine unglaubliche Überzeugungskraft zu besitzen, die er nur anzuwenden braucht, mit sanftem Zwang, aber doch mit Zwang, jawohl: Es muß doch etwas geben, was sie einsehen läßt, daß sie im Begriff ist, die größte Dummheit ihres Lebens zu machen, einen unverzeihlichen, irreparablen Fehler. Noch ist er bereit, alles zu vergessen, noch will er einen »Neuanfang« machen, noch ist er so von der Idee besessen, sie zu halten, daß er sich den Kopf zermartert, was denn dazu geschehen müßte. Er steigert sich in Größenphantasien hinein: Er wird einen tollen geschäftlichen Erfolg haben, und sie wird plötzlich erkennen, welchen Ausbund an Tüchtigkeit sie zu verlassen sich anschickt. Er wird sie aus dem brennenden Haus retten und sich selbst dabei schwer verletzen. Eine bezaubernde, reiche, schöne, elegante Frau läuft ihm nach, tut alles, um seine Gunst zu erringen; sie bemerkt es, merkt, daß sie ihn noch liebt und kehrt zurück. Er hingegen merkt *nicht,* daß er lauter uralte Klischees abklappert und daß keines davon auch nur die geringste Chance hat, realisiert zu werden. Konfektionierte Wunschvorstellungen, sonst nichts. Dann fühlt er sich körperlich entsetzlich allein und frustriert. Er ist ihre warme Nähe so gewöhnt, daß er sich jetzt vorkommt wie ein Kind, das man in ein anonymes Krankenhauszimmer gesteckt hat. Zum Trost kehrt er zu den juvenilen sexuellen Praktiken zurück, die er fast vergessen hat. Er empfindet das zwar als physische Entspannung, aber gleichzeitig auch als ein äußerst schales Surrogat. Er fühlt seine Männlichkeit bedroht. Später wird er den anderen Weg noch öfter zu gehen versuchen, sich mit einer anderen über den Verlust hinwegtrösten. Er wird dabei nicht sehr wählerisch vorgehen, denn ihm geht es auch dann noch mehr um sich selbst als um eine wirkliche neue Partnerin. Aber in diesem Anfangsstadium taumelt er völlig in die Irre: Er muß jetzt schlichtweg ausprobieren, ob er noch ein Mann ist. Und da ihn eine tiefe Unsicherheit erfaßt, muß er feststellen: Er ist keiner, und er schämt sich entsetzlich, nicht so sehr, weil er von sich selbst enttäuscht ist, sondern weil er das zweifelhafte Glück gehabt hat, auf eine Frau zu treffen, die gutmütig, großzügig und mütterlich genug ist, ihn durch hämische Bemerkungen nicht noch tiefer in sein Unglück zu stürzen. Jetzt aber treibt er es wie die Männer, von denen es in Erich Kästners »Fabian« heißt, sie könnten es nicht lassen, immer wieder zu probieren, ob der Schaden nicht inzwischen behoben sei.

Eine Zeitlang wird dies für ihn förmlich zum Fixpunkt, und erst, wenn es denn doch endlich »klappt«, fühlt er sich wieder einigermaßen o. k. Inzwischen aber hat er durch diese Erlebnisse seinerseits eine Distanz zwischen sie und sich gelegt, die mit solider Wut aufgefüllt wird. Nicht nur, daß sie sich ihm entzogen hat, was schon eine unglaubliche Aggressivität war: Sie hat ihn entmannt, kastriert, jedenfalls zeitweilig. Eine Todsünde. Von Rechts wegen hätte sie dableiben müssen, sich seiner Männlichkeit zur Verfügung stellen sollen. Gewiß, in letzter Zeit hat sie ihre »Pflichten« lustlos erfüllt, aber nutzt sich nicht jede Beziehung im Laufe der Zeit ab? Etwas ganz Normales. Sie wußte doch auch, wie beansprucht er ist. Aber nein: Er sollte nur immer leisten, bringen, auf der Matte stehen, ihr alles in den Schoß kippen – Verräterin.

Wenn dieses erste Stadium vorbei ist, beginnt er zu handeln. Aber: Wenn sich jetzt nach der Anfangslähmung neue Kräfte regen wollen, dann scheint die Art des Erwachens aus jener emotionalen Betäubung höchst unterschiedlich verlaufen zu können. Wenn jetzt nicht die Reflexion einsetzt, wird er unweigerlich an Niveau verlieren. Das kann sich dann so ausnehmen, braucht natürlich nicht komplett bei einer einzigen Person vorzukommen.

Der »unreflektiert Leidende«:

Er hat sich sicher im Besitz gefühlt und infolgedessen versäumt, auf die immer vorhandenen Vorsignale zu achten, die dem Zerbrechen einer Beziehung vorausgehen. Wie sollte er auch? Er gehört zu denen, die den ganzen Tag hart arbeiten und am Wochenende tätig um ihren Besitz bemüht sind oder ihr Hobby pflegen; er gehört zu denjenigen, die stillschweigend darauf bauen, daß Ihnen »der Rücken gedeckt« wird. Er glaubt, wenigstens was ihn angeht, in einer heilen Welt zu leben, und er hat noch nie bemerkt, daß es die nicht gibt und auch nie gegeben hat. Diese heile Welt wird möglicherweise von Männern noch mehr hochstilisiert als von Frauen. Frauen sind oft skeptischer, mißtrauischer gegenüber der Beständigkeit und der Schutzfunktion des »Nestes«.

Mit naiver Selbstverständlichkeit hat er also nie in Frage gestellt, was unverbrüchlich zu ihm zu gehören schien. Jetzt ist sie ihm zum Verhängnis geworden. Warum hat er diese seine Welt nie reflektiert, geschweige denn analysiert? Weil er so etwas wie »Selbst ist der Mann« als Motto bevorzugt. Selbstverständlichkeiten zerredet man nicht; er war sogar stolz darauf, daß er all diesen Beziehungsquatsch (»hör mir bloß auf mit psychologischer Beratung, nie kriegst du mich dahin«) nicht nötig hatte. Jetzt hätte er ihn nötig, vielleicht wäre noch etwas zu retten, aber nein: er braucht das nicht. Er sieht auch jetzt nicht: Wenn mehr gesprochen und ausgesprochen worden wäre, vielleicht hätte sich der Zusammenbruch verhindern lassen. Vielleicht wäre dies sogar das einzige Mittel dazu gewesen. Er formuliert das noch heute so: »Was gab es denn zu reden – es war doch alles prima.«

In seiner Hilflosigkeit bewahren ihn jetzt also Scheuklappen vor der unangenehmen Erkenntnis, daß sein Verhalten kräftig an dem eingetretenen Zustand mitgewirkt hat. Jetzt weiß er keine andere Problemlösungsstrategie als seine schwer verletzten Gefühle, seinen Zorn, seine Wut, seine Enttäuschung in Aggression umzusetzen. Diese aufkommende Aggressivität erreicht unterschiedliche Grade und Ausdrucksformen. Die anfängliche blinde Betroffenheit kann sich bis zu Haßgefühlen steigern und auch tätliche Angriffe motivieren. Primitiv? Aber ja – doch verbreitet auch bei solchen Männern anzutreffen, die allgemein als intelligent und gebildet gelten. In solchen Situationen kann man immer wieder beobachten, wie schnell die intellektuelle Tünche abbröckeln kann. Die Privilegierten artikulieren sich also genau so undifferenziert wie die weniger Privilegierten.

Der gleiche Rückfall in undifferenzierte Verhaltensweisen zeigt sich im Bereich der verbalen Beleidigungen. Das fängt bei relativ milden Formen an: »Dir geht es wohl zu gut, daß du denkst, du mußt aus der Kiepe hucken« – »pflichtvergessene Person«, oder, schon etwas schärfer: »Du blöde Gans, das ist doch nicht auf deinem Mist gewachsen, das hat dir doch jemand eingeblasen, daß du abhauen mußt!« und schließlich schreckt er auch vor dem niedrigsten Niveau nicht zurück: »Flittchen«, »Nutte«, »miese Type«, »Rumtreiberin«. Aber solche Entgleisungen können sich schlagartig in die zärtlichsten Diminutive zurückverwandeln, wenn die Verlassende Anzeichen des Schwankens oder gar Rückkehrwillen zeigt.

Eifersucht wird in reichlichem Maße und gegenüber den verschiedensten »Sündenböcken«, seien es nun Menschen oder Objekte, produziert. Sie richtet sich auf den tatsächlichen oder potentiellen oder gar nicht existenten männlichen Rivalen, auf die Arbeit der Frau, falls sie einer außerhäuslichen Beschäftigung nachgeht, auf die sogenannte Emanzipation, die dann keineswegs in des Wortes eigentlicher Bedeutung interpretiert, sondern mit ganz subjektiven Etiketten versehen wird. Und es wird dabei personifiziert und projiziert: Nicht er, der Betroffene, ist es, der den Vorgang des Verlassens bei der Frau in Gang gesetzt hat. Es ist z. B. die Freundin (unerhörterweise so etwas wie eine ehrgeizige Karrierefrau), die Clique, die Gruppe, meist also die anderen Frauen, sprich: »Weiber« oder »verrückte Emanzen«. Irgendjemand also hat ihr den Drang zur »Selbstverwirklichung« suggeriert – ihr, die in dieser Situation nicht mündig ist, sondern eine arme Fehlgeleitete. Denn sonst hätte sie doch diesen aberwitzigen Entschluß, gerade ihn zu verlassen, nicht fassen können. »Was, studieren willst du? Mit deinem Kopf. Na, ich bin gespannt, was dabei herausschaut – sicher nur leeres Stroh.« »Du hast ja in Marbella mit dem Kellner noch nicht mal ein paar Worte spanisch reden können – und jetzt willst du Sprachen machen? Lächerlich.«

Inzwischen hat er erfahren, wer sein Nachfolger ist. Er qualifiziert ihn rücksichtslos ab.

»Dieser alte Kerl? Der ist doch viel zu senil für dich.« »Was – diesen Glatzkopf nimmst du?« »Schaumschläger, Scharlatan, was ist schon ein Job, wie der ihn hat!« »Was kann der Kerl dir denn bieten – weißt du überhaupt, was er verdient?« »Genügts nicht schon, daß du mich betrogen hast – und dann noch mit so einem dreckigen Kanaken! Mach dir keine Illusionen, die können's auch nicht besser. Die werden auch mal impotent!«

So wird also kräftig unter die Gürtellinie gezielt, was nur dazu führt, daß sich die Partnerin in ihrem Entschluß bestätigt sieht: Dieser Mann war wirklich unter ihrem Niveau.

Dann weist er auf alles hin, was er geschaffen hat (daß sie ihm dies vielfach erst ermöglich hat, wird großzügig übersehen): Haus, Garten, Auto, Urlaubsreisen, Campingwagen, Skiausrüstung, Stereoanlage – Güter, für die man in der Tat hart gearbeitet hat. Das alles will sie aufgeben? Alle seine von den Bekannten bewunderten Heimwerkerqualitäten hat er in die Wohnung gesteckt, und er ist unbändig stolz darauf. Das soll jetzt alles verramscht werden? Er schreit sie an: »Weißt du überhaupt, daß es keinen Markt für Eigentumswohnungen mehr gibt, daß wir das alles nur mit großem Verlust loswerden können?«

Oder, in seinem Sinn fürs Materielle schwer getroffen, droht er ihr unsinnige Verweigerungen an, von denen er bei ruhiger Überlegung (aber dazu ist er jetzt nicht fähig) genau wissen müßte, daß sie haltlos sind: »Keinen Pfennig kriegst du von mir; lieber lasse ich mich verurteilen und gehe in den Knast.« »Die ganze Wohnung schlage ich zusammen, all deine heißgeliebten Mokkatäßchen schmeiße ich aus dem Fenster. Deine Klamotten hinterher.« Und nun das schlimmste Kapitel: die Kinder. Natürlich hängt er an ihnen, er hat sie ja gemacht, sie sind sein schönster, sein stolzester Besitz.

»Die Kinder? Die wollen sowieso zu mir. Besonders jetzt,

wo du so ein schlechtes Beispiel gibst. Rabenmutter! Kein Richter der Welt wird sie dir zusprechen.«

»Das ist schließlich *mein* Junge. Wenn ich denke, wie gern wir immer zusammen gebastelt haben ...«

Jetzt kommen ihm die Tränen, und sie sind sogar weitgehend echt – allerdings nicht ganz, denn sie fließen auch aus Selbstmitleid. Und er wird auch ganz schnell auf sich selbst wütend, weil Tränen sich mit seinem Männlichkeitsselbstbild nicht vertragen. Er hat Angst, sie könnte ihn ob seiner Weichheit verachten und wendet sich schnell ab – jetzt will er ihr, die ihm so viel angetan hat, nicht auch noch zeigen, daß er auf seine Art wirklich leidet. Er weiß noch nicht, daß ein noch viel schlimmeres Zeichen seiner Schwäche, die hinter der harten Maske steckt, zum Vorschein kommen wird: Als keine seiner Bemühungen, sie zur Umkehr zu bewegen, gefruchtet hat, wirft er sich buchstäblich zu ihren Füßen und fleht sie an, ihn nicht zu verlassen. Als er dann den Kopf hebt und ihr Schweigen und ihren kalten Blick wahrnimmt, da packt ihn eine ungeheure Wut. Und er versucht, sie einmal noch, ein wahrscheinlich letztes Mal, ins Bett zu zerren. Er ist ungeheuer potent in diesem Augenblick, der Gedanke, sie auch in dieser Hinsicht zu verlieren (sie waren doch ein sexuell so gut eingespieltes Paar, schießt ihm jetzt durch den Kopf) stachelt ihn an.

Er setzt seinen Willen durch, körperlich weitaus stärker, wie er es nun einmal ist, und hinterher schämt er sich doch und ist um so verzweifelter, weil er in ihren Augen gesehen hat, was sie jetzt denkt: »Schwein!«

Er stellt auch fest, daß er niemanden hat, mit dem er sich wirklich aussprechen kann. Sein Beruf, seine Frau, die Kinder, das Heim, seine Hobbies, der Verein – das war seine Welt. Jemanden, der sich darin als Freund profiliert hätte, gibt es nicht. Nur Kollegen und Kumpels. Er hat also versäumt, außerhäusliche Beziehungen auf- und auszubauen. Vor seinen Eltern und Verwandten schämt er sich, die sollen erst davon erfahren, wenn die Trennung perfekt ist.

Er ist also mit seinem Problem so gut wie allein. Dennoch:

Er muß das alles an jemanden loswerden, das fühlt er selbst, vielleicht zum ersten Mal in seinem Leben, denn er ist an Kummer ja nicht gewöhnt.

Also flüchtet er ins weitgehend Anonyme. Er teilt sich der Restaurantbesitzerin mit, die natürlich gemerkt hat, daß er jetzt seine Abende allein verbringen muß und daß der Hobbykeller ihm verleidet ist. Sie kennt so etwas: Gäste schütten oft vor ihr den Scherbenhaufen aus, der jetzt ihr Leben ausmacht. Sie kann, sofern ihre Zeit es erlaubt, gut zuhören, und er nimmt dies dankbar wahr: daß sie kaum Stellung nimmt (weil eine Geschichte der anderen zum Verwechseln ähnlich ist) fällt ihm nicht sonderlich auf.

Dann nervt er Kollegen und Vereinskameraden mit Informationen, die natürlich nur die halbe, nämlich seine Wahrheit vermitteln. Die haben allesamt ihre eigenen Sorgen und raffen sich höchstens zu gutgemeinten Sprüchen auf: »Ach, die Frauen, lohnt sich doch nicht, es gibt doch genug davon, such' dir 'ne andere, sind eh alle gleich!« Er setzt sich unter Alkohol, und siehe da: alles wird nur noch schlimmer. Er merkt, daß das Wort vom Alkohol als »Sorgenbrecher« keineswegs stimmt – wer bereits depressiv ist, wird das um so schlimmer. Er verliert auch im Kreise der Kneipen- und Vereinssubkultur allzu schnell die Haltung: Er kann nicht mehr viel vertragen. Dadurch büßt er bei denen, die das beobachten können, erheblich an Prestige ein: Kein »ganzer Mann«, der nicht mal den Verlust einer Frau meistert.

Im nächsten Stadium geht er auf neue Frauen zu. Ihm ist ins Bewußtsein gedrungen, daß man den Teufel mit Beelzebub austreiben kann: Ja, so kann man es nennen, denn eigentlich hat er die ganze Kategorie satt. Also geht er bewußt auf die Suche. Aber ebenso wenig wie eine unglückliche Frau ist er jetzt wahlfähig. Er gerät an die, die äußerlich attraktiv sind (er braucht schon etwas derbe und deutliche Reize, um angezogen zu werden), aber eben auch von Hand zu Hand wandern oder solche, die es aus irgendeinem Grunde schwer haben, an den »Mann« zu kommen und deshalb einen penetranten Eifer an den Tag legen, ihn ganz für sich zu gewinnen. Das stößt ihn ab, denn schon wieder an eine neue wirkliche Bindung denken? Das verursacht ihm förmlich Übelkeit.

Vielleicht hat er auch gehofft, daß seine Partnerin durch die Tatsache, daß er sich anderen Frauen zuwendet, wieder ein neu aufflackerndes Interesse an ihm zeigt. Aber er stellt sehr bald fest: Sie ist vollkommen gleichgültig dagegen; es scheint sie eher zu entlasten, daß er so bald Anstalten macht sich zu trösten. Dann läuft ihm eine alte Jugendliebe über den Weg. Auch sie ist nach einer gescheiterten Ehe wieder allein. Plötzlich sieht er sie mit den verklärten Augen von damals. Sie hatten einander doch einmal so gut verstanden. Warum nur hat er sich von ihr getrennt? Er weiß es nicht mehr. Eine Zeitlang schwelgt er in neuerwachter Romantik. Aber dann stellt es sich sehr bald heraus: Die Erinnerung hat ihm einen Streich gespielt. Nichts ist mehr vertraut und nah – man hat sich meilenweit voneinander entfernt.

Allmählich also wird ihm klar: Es gibt keine Tricks und Kniffe, sich über die Zeit des Leidens hinwegzumogeln. Er muß es voll annehmen. Und wenn er jetzt zu realisieren beginnt, daß es etwas aus dem Geschehenen zu lernen gibt, daß er sich da auf sein Ego und dessen Bedürfnisse zurückgezogen hat, wo er aufgeschlossen und einfühlsam hätte sein sollen – dann kann er die Hoffnung haben, daß dieser Verlust ihn weiser gemacht hat. Er merkt dann auch: »Ich kann ohne dich nicht leben« – das gehört in den Bezirk der Utopien. Jeder Mensch kann ohne einen bestimmten anderen leben, wenn er muß. Manchmal denkt er: »Wenn sie gestorben wäre, dann wäre das ein Schicksalsschlag gewesen, gegen den ich mich nicht hätte wehren können, dann hätte ich es leichter, diese Trennung hinzunehmen.« Aber sie ist nicht gestorben; er hat vielleicht mit seiner Überlegung nicht unrecht. Er muß mit dem Bewußtsein, daß sie existent ist, aber nicht mehr für ihn, fertigwerden. Und ihm ist inzwischen deutlich geworden: So, wie ich das versucht habe, geht es nicht.

Wenn er an dieser Stelle nicht konstruktiv weiterdenkt, dann wird er verdrängen, was ihm widerfahren ist. Möglicherweise also versteift er sich trotzig auf seine Ichbezogenheit und unterwirft sie mehr oder weniger bewußt einem Verfestigungsprozeß. Dann ist er selbstverständlich äußerst gefährdet, die gleichen Fehler noch einmal zu begehen, und dann ist die nächste »große Kränkung« förmlich vorprogrammiert.

Wenn er also nicht begreift, daß jedes Verlassenwerden eine Vorgeschichte hat, die man rekonstruieren sollte (wobei man die wirklichen Gründe allerdings nur in Glücksfällen herausfindet, weil in diesem Stadium vieles verschwiegen wird), wenn er nicht bereit ist, sich zu seinem Anteil zu bekennen, dann wird sich wohl nicht viel ändern.

Nun kann man fragen: wer so reagiert, der hat es doch wohl förmlich »verdient«, verlassen zu werden? Es sei daran erinnert, daß hier eine Typenbildung vorgenommen wurde und daß nicht alle Formen des hier beschriebenen Verhaltens, gewissermaßen geballt, in ein- und derselben Person vorkommen müssen.

Der »reflexiv Leidende«

Das gilt auch für seinen Gegenspieler, den »sensibel« oder »reflexiv« Leidenden. Er ist nicht weniger betroffen. Aber er reagiert von vornherein anders als sein Gegentyp. Er läßt sich durch das Leiden nicht aus der Bahn werfen; er fällt nicht aus der Rolle, im eigentlichen Wortsinne. Denn er hat ein Selbstbild, das dergleichen nicht zuläßt. Er ist also beherrscht: nicht in einem verkrampften Sinn von Machotum, das keine Gefühle zuläßt und schon deshalb gar nicht deren Verleugnung fordert – er bevorzugt lediglich die innere Auseinandersetzung mit seiner Situation. Er rückt nicht vor jedermann das, was er erlebt hat, in den Mittelpunkt einer bewegten Klage, d. h., wenn er sich mitteilt, dann geht er selektiv vor, und da er nicht auf Zufallspartner angewiesen ist, wendet er sich an eine wirkliche Vertrauensperson, er sucht auch in seinem Kreis vielleicht nach jemandem (ob Mann oder Frau ist dabei unwesentlich), der die Bitterkeit des Verlassenwerdens kennt. Er weiß, daß er jetzt Wärme, Verständnis, Toleranz braucht.

Er fragt sich, wieso er so blind sein konnte. Er hat zwar gespürt: irgendwie entgleitet sie mir, aber auch er hat sich vom Alltag überrennen, von der Arbeit eindecken, von seinem Vertrauen beruhigen lassen. Er war nicht aufmerksam genug.

Das weiß er jetzt, wo es zu spät ist. Und diese Einsicht bewirkt, daß er von vornherein seinen Part sieht als den eines Menschen, der nicht grundlos verlassen wird. Vielleicht wird ihm auch versichert – weil man immer noch miteinander sprechen kann –: »Ich wollte es ja nicht, ich mag dich auch noch sehr, aber ›es‹ ist eben stärker als ich« – dann weiß er, daß sie genau so in innerer Not ist wie er, daß es ihr Schmerzen macht, ihm wehzutun. Das lindert sein Leiden zwar nicht, aber diese Erkenntnis macht ihn nicht böse und aggressiv.

Er rettet sich also nicht in Aggressionen – nicht nur, weil es ihr ihrerseits an Aggressivität fehlt, weil es immer noch etwas Gemeinsames zwischen ihnen gibt: Er hat vielmehr Aggression immer schon verabscheut, und er weiß, daß aggressives Verhalten noch nie einen Konflikt wirklich gelöst, ihn höchstens auf eine andere Ebene verlagert hat. Er läßt die verlassende Partnerin Enttäuschung, Verletztsein, Unvermögen zu verstehen, Schmerz, Bitterkeit, auch Eifersucht erkennen – alle hier nur vorstellbaren Schattierungen der Erschütterung, aber er entgleist nicht in Feindseligkeit.

Er realisiert, daß das Ende, der Abschied schlimm sind, aber keinen Anlaß geben, sich ihnen robust zu widersetzen und von allen Mitteln der Verzögerung Gebrauch zu machen. Bereits jetzt wünscht er, später, wenn alles vorbei sein wird, mit Gelassenheit an die guten Zeiten der Partnerschaft zurückdenken zu können. Er will sich das nicht selbst kaputtmachen.

Natürlich erwägt er Möglichkeiten, um sie zu kämpfen, sie zurückzugewinnen. Er versucht das in Gesprächen, was anders soll er auch tun? Dabei respektiert er die Grenze, die sie ihm gezogen hat: Mit der alten Vertrautheit ist es vorbei. Da er zum Glück doch noch möglich ist, muß der Dialog eine neue Form gewinnen: distanzierter, neutraler. Trotzdem fürchtet er sich nicht vor Gefühlsausbrüchen, die ihr das ganze Ausmaß seiner Betroffenheit zeigen. Sie waren einstmals ein Paar, warum sollte sie da nicht seine Trauer spüren? Er weiß auch, daß er sie wohl kaum wird zurückhalten können, deshalb tut er auch nichts, um sie zu umwerben oder gar zu erpressen. Man kann nur versuchen, sich gemeinsam deutlich zu machen, warum der neue Weg, wohin er auch immer führen mag, ihr so reizvoll erscheint und warum der alte ein ausgetretener Pfad war oder zu werden drohte.

Er erkennt auch an, daß sie ihren Entschluß wohlüberlegt und nicht in kindischer Aufmüpfigkeit gefaßt hat. Er verhört sie auch nicht nachträglich, wann, wie oft, wie lange sie den »Anderen« getroffen hat, und er unterstellt ihr nicht, daß das wohl doch eine reine Bettgeschichte sei. Er gibt also nicht seinen gewohnt diskreten Stil auf, wenn es um solche Details geht, das kostet ihn etwas, zugegeben, aber er will das Gesicht wahren, ohne daß es ihm zur starren Maske gerät, die mancher so gern zum Selbstschutz aufsetzt.

Wenn es nun unweigerlich auch um Materielles geht, dann erweist er sich nicht als Besitzfetischist, der einfach nicht aus den Händen lassen kann, was er erworben hat – er hat sein Herz nicht an Konsumgüter gehängt, die zwar erfreulich sind, aber nicht Lebenszentrum; er hat zu materiellen Objekten ein eher entspanntes Verhältnis, aber er macht auch deutlich, daß er zwar geneigt ist, sich fair zu verhalten, daß er aber auch kein ausschließlich aufopfernder Altruist ist.

Er versucht also, im Gespräch zu klären, was zu klären ist. Wenn sich das als vergeblich erweist, stellt er diesen Versuch ein, ohne heftig zu werden. Er hat trotz seines Leidens die Fähigkeit behalten, zu erkennen, wann seine Position aussichtslos ist.

Dabei vermeidet er es, einen irgendwie gearteten Körperkontakt mit ihr herzustellen. Besonders, wenn es »den Anderen« gibt, ahnt er, wie allergisch sie darauf reagieren würde, und er ist auch ehrlich genug, sich einzugestehen, daß er sich ihr vielleicht heftiges Abweisen seiner Berührung ersparen will. Das ist zunächst einmal blanke Konfliktvermeidung und keineswegs eine Lösung. Aber es ist ihm klar, daß eine Lösung, eine Beruhigung Zeit braucht und daß man sie höchstens durch einigermaßen vernünftiges Verhalten beschleunigen kann. Deshalb läßt er sich bei allem Kummer nicht dazu hinreißen, irgendetwas zu forcieren – er weiß, das ist von vornherein aussichtslos.

Das Kapitel »Kinder« ist eines, das ihn stark aufwühlt. Eine harte Anforderung für ihn, mit aufsteigendem Zorn fertigzuwerden. Warum muß sie den Kindern ihre Welt zerstören? Denn es wird unweigerlich zu Zerstörungen kommen. Er ahnt, daß die Kinder, wenn man sie fragen wird: »Bei wem willst du bleiben?«, antworten werden: »Ihr sollt euch gar nicht scheiden lassen, ihr sollt zusammenbleiben.« Er sieht auch klar, daß es ihm bei seiner Arbeitsbelastung gar nicht möglich sein wird, ihnen als »Alleinerziehender« ein richtiges geordnetes Heim zu bieten. Er zwingt sich jetzt, wirklich nur an das zu denken, was der Gesetzgeber so schön und so unklar das »Kindeswohl« nennt. Ist sie womöglich kämpferisch eingestellt? In ein Tauziehen läßt er sich nicht verstricken. Es ist ihm aus vergleichbaren Fällen in seinem Bekanntenkreis deutlich geworden, welche verheerenden Folgen ein solches Gerangel für die Kinder hat, auf deren Schultern es ja doch letztlich ausgetragen wird. Das will er um jeden Preis vermeiden – auch um den der Nachgiebigkeit. Und dies nur dann, wenn er alle Möglichkeiten hin und her erwogen hat, ob er nicht doch in der Lage ist, die Kinder zu sich zu nehmen. Z. B. aus diesem Grund: Wie werden sie mit dem neuen Partner der Mutter fertigwerden? Selbst wenn jener sich alle Mühe gäbe ... Er quält sich also redlich; nur eines steht bisher fest: Er wird den Kontakt, die Bindung an die Kinder nicht aufgeben, er wird ihre Entwicklung verfolgen und das seine dazu tun.

Er setzt dann alles daran, mit seiner Partnerin ein faires Agreement zu überlegen und zu fixieren. Bei alledem weiß er, wie groß die Versuchung ist, Argumente gegeneinander auszuspielen oder sich gar gegenseitig auszutricksen.

Wenn er an die Kinder denkt, wird ihm besonders schmerzlich deutlich, wie zerbrochen seine Welt wirklich ist. Das einzige, was die Situation erträglicher macht, ist die Überlegung, daß er weiterhin für sie dasein muß. Aber auch er, der nie zuvor an diesen Fall gedacht hat – und diese Gedanken teilt er mit seinem Gegentyp –, wird gelegentlich von der Vorstellung heimgesucht, sich selbst aus dem Weg zu räumen. Teils, weil er nicht mehr weiter weiß, und teils, weil er denkt: dann ist für die anderen ein wesentlicher Teil des Problems gelöst. Aber er tut es denn doch nicht, weil er schließlich fühlt: das wäre die pure Hysterie und keinesfalls eine Lösung. Niemandem ist damit gedient.

Sein Gegenspieler, der nicht reflexiv Leidende, erliegt dieser Versuchung, einfach aus dem Felde zu gehen, schon eher. Er richtet mit diesen destruktiven Gedanken und gelegentlich auch wirklich stattfindenden Auslöschungsversuchen Appelle an die verlassende Partnerin, die sehr ernst zu nehmen sind: genau so ernst wie der Entschluß, auf unwiderrufliche Art und Weise Schluß zu machen.

Aber wie auch immer: Es kommt seine seelische Not zum Ausdruck, und niemals ist dergleichen nur Erpressung, oder nur Appell, nur Vorwurf und fehlgesteuerte Rache. Man muß dergleichen ernst nehmen, und in der Regel wird der Adressat damit nicht ohne fremde Hilfe fertig. Da muß meist der Fachmann eingeschaltet werden.

Natürlich macht auch der reflexiv Leidende weniger dramatische, naheliegende und allesamt unreife Versuche, den Schmerz zu betäuben: Auch er gerät zu nahe an die Flasche, er nimmt sexuelle Kontakte auf, die ihn »als Mann« bestätigen (wobei er sich nicht eigentlich verliebt) – aber das sind passagere Ereignisse, mit denen er sich über längere Zeit hinweg nicht identifiziert. Zum dauerhaften Verhaltensmuster geraten sie nicht.

Nun kann man auch hier den Einwand erheben: Einen durch die beschriebenen Verhaltensweisen ausgezeichneten Menschen, einen Mann, der sich streckenweise geradezu vorbildlich benimmt – den verläßt man doch nicht? Da schätzt sich doch jede Frau glücklich, wenn sie so einen an ihrer Seite weiß? (Vorsicht: Es handelt sich hier wiederum um ein Konstrukt.) Ja, wenn es bei Partnerwahl und Partnerschaft in erster

Linie nach Niveau und Qualität ginge – darum geht es aber nicht, jedenfalls nicht ausschließlich. Schon in den übrigen Kapiteln war mehrfach davon die Rede: Unsere Gefühle richten sich nicht nach sozial akzeptablen Normen; das Herz hat seine eigene Logik, die nicht diejenige der Ratio ist – immer wieder wird es Bedürfnisse nach Menschen wie Objekten geben, die weder begründbar noch nachvollziehbar noch bis ins letzte aufzuklären sind. Im Grunde weiß das jeder. Nur der Verlassene denkt bitter in seiner Situation, daß eigentlich doch das Bessere des Guten Feind sein sollte und nicht das Schlechtere. Um dann noch bitterer festzustellen, daß solche Bewertungen (die zudem nur selten objektiv sind) keineswegs etwas Grundsätzliches ändern. Aber vielleicht mildert diese Erkenntnis doch die Schmerzen der »großen Kränkung«. Das angeschlagene Selbstwertgefühl hat eher Chancen zu heilen, wenn man sich klargemacht hat: Es geht, wenn ein neuer Partner am Horizont erschienen ist, nicht um Verdienst und Würdigkeit.

Ich sage es abschließend noch einmal: Weibliches wie männliches Leiden ist allemal tiefes menschliches Leiden ob eines Verlustes, den man nicht gewollt hat*. Wie dieses Leiden sich ausdrückt, darin kommt zum Vorschein, daß niemand ganz autonom, sondern auch das Produkt der Definition von Geschlechtsrolle ist, die seine gesellschaftliche und individuelle Umgebung ihm zugeschrieben hat.

* Zwei meiner Doktorandinnen, die Diplom-Psychologinnen Hertha Collin und Eva Dane werden in absehbarer Zeit gezielte wissenschaftliche Untersuchungen zum Thema der gescheiterten Partnerschaft veröffentlichen.
Es wird sich dann zeigen, daß vieles, was ich hier in der Form der Populärdarstellung beschrieben habe, sich empirisch und statistisch belegen läßt.